DISCLAIMER

The author and publisher are providing this book and its contents on an "as is" basis and make no representations or warranties of any kind with respect to this book or its contents. The author and publisher disclaim all such representations and warranties, including but not limited to warranties of merchantability. In addition, the author and publisher do not represent or warrant that the information accessible via this book is accurate, complete, or current.

Except as specifically stated in this book, neither the author nor publisher, nor any authors, contributors, or other representatives will be liable for damages arising out of or in connection with the use of this book. This is a comprehensive limitation of liability that applies to all damages of any kind, including (without limitation) compensatory; direct, indirect, or consequential damages; loss of data, income, or profit; loss of or damage to property; and claims of third parties.

This Book Comes With Free Bonus Puzzles
Available Here:

BestActivityBooks.com/WSBONUS20

5 TIPS TO START!

1) HOW TO SOLVE

The Puzzles are in a Classic Format:

- Words are hidden without breaks (no spaces, dashes, ...)
- Orientation: Forward & Backward, Up & Down or in Diagonal (can be in both directions)
- Words can overlap or cross each other

2) ACTIVE LEARNING

To encourage learning actively, a space is provided next to each word to write down the translation. The **DICTIONARY** allows you to verify and expand your knowledge. You can look up and write down each translation, find the words in the Puzzle then add them to your vocabulary!

3) TAG YOUR WORDS

Have you tried using a tag system? For example, you could mark the words which have been difficult to find with a cross, the ones you loved with a star, new words with a triangle, rare words with a diamond and so on...

4) ORGANIZE YOUR LEARNING

We also offer a convenient **NOTEBOOK** at the end of this edition. Whether on vacation, travelling or at home, you can easily organize your new knowledge without needing a second notebook!

5) FINISHED?

Go to the bonus section: **MONSTER CHALLENGE** to find a free game offered at the end of this edition!

Want more fun and learning activities? It's **Fast and Simple!**
An entire Game Book Collection just **one click away!**

Find your next challenge at:

BestActivityBooks.com/MyNextWordSearch

Ready, Set... Go!

Did you know there are around 7,000 different languages in the world? Words are precious.

We love languages and have been working hard to make the highest quality books for you. Our ingredients?

A selection of indispensable learning themes, three big slices of fun, then we add a spoonful of difficult words and a pinch of rare ones. We serve them up with care and a maximum of delight so you can solve the best word games and have fun learning!

Your feedback is essential. You can be an active participant in the success of this book by leaving us a review. Tell us what you liked most in this edition!

Here is a short link which will take you to your order page.

BestBooksActivity.com/Review50

Thanks for your help and enjoy the Game!

Linguas Classics Team

1 - Antiques

```
G  P  Đ  N  P  C  K  G  A  K  V  B  T  C  L
V  Y  H  Ấ  M  H  K  N  P  Y  Q  Ộ  H  H  Đ
C  G  Đ  T  U  Ụ  H  R  Y  M  S  A  Ấ  I
Ắ  Ũ  Ầ  H  P  G  B  C  P  A  L  Ư  N  T  Ề
H  D  U  U  N  M  I  B  H  T  B  U  H  L  U
K  L  T  Ậ  H  T  Q  Á  C  Ồ  Á  T  L  Ư  K
U  Ị  Ư  L  T  Ấ  G  B  Á  Y  I  Ậ  Ị  Ợ  I
Ê  R  Q  V  N  H  H  U  C  Q  G  P  C  N  Ễ
I  T  Ậ  U  H  T  Ễ  H  G  N  Y  L  H  G  N
Đ  Á  P  X  K  I  I  H  N  G  I  G  Q  V  K
Q  I  L  G  Q  Ộ  Y  R  O  V  C  N  A  K  Y
C  G  A  N  H  N  I  T  H  I  C  T  P  N  P
Y  H  Y  Ồ  B  Ồ  Y  B  P  T  H  Ế  K  Ỷ  Y
G  R  Q  Đ  H  Đ  T  R  A  N  G  T  R  Í  V
C  H  Q  O  G  U  B  T  R  A  N  G  S  Ứ  C
```

NGHỆ THUẬT   BỘ SƯU TẬP
ĐẤU GIÁ   ĐẦU TƯ
THẬT   TRANG SỨC
THẾ KỶ   CŨ
ĐỒNG XU   GIÁ
THU   CHẤT LƯỢNG
ĐIỀU KIỆN   PHỤC HỒI
TRANG TRÍ   ĐIÊU KHẮC
THANH LỊCH   PHONG CÁCH
ĐỒ NỘI THẤT   GIÁ TRỊ

2 - Food #1

```
D A L A S B G C A H B I N D L
H Â N Ữ V U P P Q O O C H U V
R B U S C Ủ C Ả I Q H U L R K
N T P T N B H V C N R M Y I O
Q Ở T O Â B G G H P V H A P U
N I L P T Y H L Y É C Á N G Ừ
U M T A M H N A H C R A I N P
G B Y Ơ G C L Q T Ớ O K B Ờ R
V Y C M N Ạ À C I Ư H R U Ư Y
N H L Ả Ụ M U R M N À B A Đ N
T B I U H A R L Ố O N Q R N D
L Y R Q P Ú S Ê Q T H M B R P
I O T I U L K T M U Ố I R V O
Q N L M Ậ Ế H Ú N G Q U Ế D C
U U K D Đ Y K B H U G A C R Y
```

QUẢ MƠ	ĐẬU PHỤNG
LÚA MẠCH	LÊ
HÚNG QUẾ	SALAD
CÀ RỐT	MUỐI
QUẾ	SÚP
TỎI	RAU BINA
NƯỚC ÉP	DÂU TÂY
CHANH	ĐƯỜNG
SỮA	CÁ NGỪ
HÀNH	CỦ CẢI

3 - Measurements

```
E  T  Y  B  K  M  H  V  K  C  N  C  R  U  U
T  Í  H  K  C  H  B  M  Q  K  A  Â  Q  M  Y
E  L  L  Ậ  G  G  Ố  G  C  G  I  N  K  C  T
M  B  I  G  P  H  V  I  N  N  M  N  N  H  C
I  N  C  H  V  P  K  H  L  Ợ  É  Ặ  H  T  H
T  Y  T  A  A  P  H  K  E  Ư  T  N  Q  Ấ  I
N  M  K  O  R  L  C  Â  C  L  Ợ  G  O  N  Ề
E  K  I  L  Ô  G  A  M  N  M  P  N  D  O  U
C  D  C  O  A  P  G  P  U  Â  O  H  G  C  C
C  T  N  Đ  Ộ  S  Â  U  O  D  K  G  Ú  G  A
I  C  C  H  I  Ề  U  R  Ộ  N  G  R  P  T  O
B  O  R  R  I  Q  K  Y  V  L  H  A  V  D  U
R  T  G  M  I  G  T  B  C  D  U  M  U  M  A
T  R  Ì  N  H  Đ  Ộ  V  H  P  Q  R  R  M  L
C  H  I  Ề  U  D  À  I  K  I  L  Ô  M  É  T
```

BYTE	CHIỀU DÀI
CENTIMET	LÍT
THẬP PHÂN	KHỐI LƯỢNG
TRÌNH ĐỘ	MÉT
ĐỘ SÂU	PHÚT
GRAM	OUNCE
CHIỀU CAO	TẤN
INCH	ÂM LƯỢNG
KILÔGAM	CÂN NẶNG
KILÔMÉT	CHIỀU RỘNG

4 - Farm #2

```
A H M L V G A M M R A Y T A N
B K Q A C B D M O A Ữ S Ổ Y Ô
M C K G G U K O N U R O O V N
M Á Y K É O H Y A I Q Ô N Ự G
T H Ủ Y L Ợ I N G Ỗ N G G A D
A C D U C T C A Í T H Ẻ B N Â
R Ạ B N K R Ừ R P H A R O V N
U M Y L H Á U T R Q C C A G V
U A D B U I N M M P H A A O L
L Ú A M Ì C Đ Ồ N G C Ỏ P A H
B L T L C Â A M I Ă I H T I A
R D C K U Y O P Q K C Q G K I
K O A D A H T M R C T Ứ N Q A
Đ Ộ N G V Ậ T Ị V N C C H U H
C Ố I X A Y G I Ó Y K K G T U
```

ĐỘNG VẬT

LÚA MẠCH

VỰA

TỔ ONG

NGÔ

VỊT

NÔNG DÂN

THỨC ĂN

TRÁI CÂY

NGỖNG

THỦY LỢI

ĐỒNG CỎ

SỮA

THẺ

CHÍN

CỪU

MÁY KÉO

RAU

LÚA MÌ

CỐI XAY GIÓ

5 - Books

```
N  N  L  N  U  C  B  Ộ  S  Ư  U  T  Ậ  P  N
A  H  Ị  G  B  Â  A  T  A  A  V  H  Ạ  A  D
L  Â  C  Ư  Ố  U  C  I  N  U  Q  I  T  O  U
T  N  H  Ờ  I  C  L  Ể  V  H  A  U  Ế  D  L
H  V  S  I  C  H  B  U  L  V  L  A  P  T  N
Ơ  Ậ  Ử  Đ  Ả  U  A  T  K  R  P  N  D  B  N
K  T  Y  Ọ  N  Y  L  H  C  Ị  K  I  B  V  Ả
B  G  R  C  H  Ệ  N  U  Ớ  K  É  O  D  À  I
Q  H  T  C  Q  N  C  Y  Ư  O  I  Ạ  P  V  G
B  À  I  T  H  Ơ  D  Ế  H  K  T  T  G  T  C
V  Ă  N  H  Ọ  C  H  T  I  N  L  G  Q  N  Á
P  M  R  N  I  R  T  L  À  M  G  N  A  R  T
G  P  T  U  C  K  L  L  H  L  U  Á  N  K  I
Q  H  U  Ừ  Q  G  H  C  D  L  I  S  H  G  G
C  C  Ó  L  I  Ê  N  Q  U  A  N  V  V  Q  P
```

TÁC GIẢ	TRANG
NHÂN VẬT	BÀI THƠ
BỘ SƯU TẬP	THƠ
BỐI CẢNH	NGƯỜI ĐỌC
KÉO DÀI	CÓ LIÊN QUAN
LỊCH SỬ	LOẠT
HÀI HƯỚC	CÂU CHUYỆN
SÁNG TẠO	BI KỊCH
VĂN HỌC	TỪ
TIỂU THUYẾT	VIẾT

6 - Meditation

```
K  D  P  B  M  L  L  Â  G  K  T  M  Q  P  U
H  B  O  P  O  Y  G  Í  M  I  H  Y  G  U  D
T  A  R  L  R  O  N  A  T  N  Ở  A  A  M  A
B  G  N  Ặ  L  M  I  U  R  R  H  Y  P  U  K
L  P  Ậ  Y  I  K  K  V  T  N  Í  Ạ  I  H  T
S  Ò  H  O  C  Ú  H  P  H  N  Ạ  H  C  Ò  T
U  U  N  B  G  N  T  U  Ó  Ầ  P  K  Ú  A  H
Y  C  P  G  V  M  O  C  I  H  H  L  X  B  Ư
N  A  Ấ  N  B  Ể  O  D  Q  T  O  Ò  M  Ì  Ơ
G  N  H  Ặ  R  I  R  C  U  M  N  N  Ả  N  N
H  T  C  L  Õ  Đ  Ế  U  E  Â  G  G  C  H  G
Ĩ  K  C  V  R  N  R  T  N  T  T  T  D  B  H
A  B  C  P  À  A  H  N  Ơ  V  R  Ố  O  B  Ạ
C  H  Ú  Ý  N  U  G  T  O  N  À  T  V  U  I
H  P  L  G  G  Q  I  N  H  P  O  L  M  T  M
```

CHẤP NHẬN	LÒNG TỐT
CHÚ Ý	TÂM THẦN
THỞ	LÍ TRÍ
LẶNG	PHONG TRÀO
RÕ RÀNG	ÂM NHẠC
THƯƠNG HẠI	HÒA BÌNH
CẢM XÚC	QUAN ĐIỂM
LÒNG BIẾT ƠN	IM LẶNG
THÓI QUEN	SUY NGHĨ
HẠNH PHÚC	

7 - Days and Months

```
T  H  Ứ  B  A  T  T  P  T  P  H  M  Ă  N  T
P  C  G  U  T  U  H  A  Y  Q  I  Y  A  G  H
Q  Ị  M  Q  C  Ầ  Á  T  T  N  R  Ả  Y  À  Á
T  L  U  B  D  N  N  U  H  Ậ  O  B  N  Y  N
Ộ  H  Y  A  K  L  G  T  Á  K  H  G  U  Ả  G
M  K  Ứ  Y  Q  C  M  H  N  C  L  N  D  B  H
G  U  Q  S  U  R  Ư  Ứ  G  Ó  K  Á  Ủ  Ứ  A
N  V  Q  K  Á  R  Ờ  N  Ư  T  Ứ  H  T  H  I
Á  L  P  T  S  U  I  Ă  T  H  Y  T  L  T  C
H  A  C  L  G  M  A  M  G  Ể  I  T  I  A  O
T  L  9  G  N  Á  H  T  N  C  M  C  I  Y  C
O  M  L  V  Á  M  Ứ  L  Á  R  U  O  O  A  O
L  K  H  B  H  U  H  H  H  B  G  A  U  U  N
G  Q  I  M  T  O  T  T  T  M  K  U  T  V  U
I  C  C  T  P  T  C  R  M  R  T  V  L  V  D
```

THÁNG TƯ   THÁNG
NGÀY   THÁNG MƯỜI
LỊCH   THỨ BẢY
THÁNG HAI   THÁNG 9
THỨ SÁU   CHỦ NHẬT
THÁNG MỘT   THỨ NĂM
THÁNG BẢY   THỨ BA
THÁNG SÁU   THỨ TƯ
CÓ THỂ   TUẦN
THỨ HAI   NĂM

8 - Energy

```
T  N  X  I  T  N  O  T  G  Ử  A  T  I  I  N
T  Á  P  Ă  G  N  Ờ  Ư  R  T  I  Ô  M  R  H
N  U  I  K  N  I  P  Đ  Ộ  N  G  C  Ơ  N  I
Q  R  A  T  V  G  H  A  U  Ệ  H  M  G  H  Ẽ
G  I  Ó  B  Ạ  M  O  M  Ễ  I  H  N  Ô  I  T
A  P  O  O  I  O  T  Q  G  Đ  H  R  D  Ê  Đ
H  Y  D  R  O  N  O  D  I  E  S  E  L  N  I
Y  P  Ễ  I  H  G  N  G  N  Ô  C  N  E  L  Ễ
G  B  H  C  H  O  O  M  H  L  Ớ  T  N  I  N
R  G  Ạ  B  Q  K  B  L  U  V  Ư  K  T  Ệ  D
R  P  T  N  D  M  R  N  O  T  N  A  R  U  P
R  O  N  T  I  Q  A  G  G  T  I  V  O  D  N
H  B  H  T  Y  U  C  N  T  V  Ơ  M  P  B  R
Y  Q  Â  U  M  O  Q  Y  A  Q  H  N  Y  N  D
B  M  N  T  C  Q  C  R  I  H  B  U  M  N  O
```

PIN	HYDRO
CARBON	CÔNG NGHIỆP
DIESEL	ĐỘNG CƠ
ĐIỆN	HẠT NHÂN
ĐIỆN TỬ	PHOTON
ENTROPY	Ô NHIỄM
MÔI TRƯỜNG	TÁI TẠO
NHIÊN LIỆU	HƠI NƯỚC
XĂNG	TUA-BIN
NHIỆT	GIÓ

9 - Chess

```
T  H  Ô  N  G  M  I  N  H  L  H  K  T  G  Đ
C  Đ  I  Ể  M  U  C  K  T  T  Y  K  T  I  E
H  N  G  A  V  D  I  L  C  M  S  L  H  Ả  N
I  T  B  H  B  C  Ủ  B  G  V  I  H  Ờ  I  Â
Ế  N  G  Ư  Ờ  I  C  H  Ơ  I  N  H  I  Đ  U
N  V  U  A  V  H  Q  T  T  B  H  B  G  Ấ  Q
L  U  U  K  I  T  R  U  H  I  H  R  I  U  N
Ư  G  Y  L  V  C  Y  G  Y  Ụ  Ố  O  A  M  Á
Ợ  T  O  T  I  Ộ  V  I  G  T  Đ  Đ  N  O  U
C  L  D  P  A  U  O  G  P  O  Ắ  Ộ  T  Y  Q
I  U  O  É  H  C  G  N  Ờ  Ư  Đ  C  N  G  O
C  Q  G  C  Q  I  G  Ắ  O  R  A  H  L  G  P
I  Y  P  N  O  G  M  R  K  A  L  U  N  C  M
A  U  B  K  B  P  C  T  R  Ò  C  H  Ơ  I  P
N  Ữ  H  O  À  N  G  O  P  N  L  H  H  Q  G
```

ĐEN	NGƯỜI CHƠI
QUÁN QUÂN	ĐIỂM
THÔNG MINH	NỮ HOÀNG
CUỘC THI	QUY TẮC
ĐƯỜNG CHÉO	HY SINH
TRÒ CHƠI	CHIẾN LƯỢC
VUA	THỜI GIAN
ĐỐI THỦ	GIẢI ĐẤU
THỤ ĐỘNG	TRẮNG

10 - Archeology

```
B  B  H  I  V  T  P  H  Â  N  T  Í  C  H  H
I  M  A  P  C  V  K  C  D  Ê  Ẩ  M  N  Đ  Ó
G  C  I  P  O  Ổ  Y  Í  V  Y  R  Í  Y  Ộ  A
Y  L  G  V  P  M  H  T  D  U  T  U  B  I  T
D  N  N  C  Ả  U  I  M  G  Ư  D  O  U  H
H  P  Ê  Ề  R  N  I  D  P  N  S  D  R  H  Ạ
K  K  Y  A  N  H  C  Y  U  Ỷ  O  Y  N  A  C
K  A  U  R  Đ  V  A  B  O  K  Ấ  L  G  M  H
H  P  H  M  Ố  K  Ă  N  G  Ô  I  Đ  Ề  N  G
Ô  L  C  Á  I  G  H  N  Á  Đ  G  Y  U  D  U
N  H  C  Í  T  N  À  T  M  X  Ư  Ơ  N  G  P
G  D  H  I  Ư  Ê  O  P  Ố  I  G  P  K  G  C
R  G  A  L  Ợ  U  M  Q  G  B  N  U  M  C  A
Õ  Q  N  N  N  Q  O  Q  Ồ  I  Y  H  D  P  V
C  K  M  L  G  M  Ộ  N  Đ  T  M  B  K  V  P
```

PHÂN TÍCH
CỔ
XƯƠNG
NỀN VĂN MINH
KỶ NGUYÊN
ĐÁNH GIÁ
CHUYÊN GIA
QUÊN
HÓA THẠCH
MẢNH

BÍ ẨN
ĐỐI TƯỢNG
ĐỒ GỐM
GIÁO SƯ
DI TÍCH
TÀN TÍCH
ĐỘI
NGÔI ĐỀN
MỘ
KHÔNG RÕ

11 - Food #2

```
H  S  Ữ  A  C  H  U  A  P  G  I  O  Ạ  G  I
U  C  Y  L  N  R  D  A  A  M  O  V  N  À  V
N  Ằ  R  U  P  C  U  C  S  I  A  A  T  C  U
G  N  Ứ  R  T  K  T  G  N  Ô  B  M  Ă  I  G
N  T  H  O  G  Q  T  Y  O  N  C  O  N  Q  N
P  Â  N  Ấ  M  D  V  D  À  H  C  Ô  I  N  Y
V  Y  H  T  U  B  T  H  Đ  B  À  N  L  T  K
C  H  U  Ố  I  A  M  Ô  H  P  C  Y  H  A  P
A  G  L  V  C  Q  Í  M  N  G  H  I  G  O  N
I  T  B  C  M  I  T  B  A  G  U  H  T  P  M
U  K  I  T  Y  U  À  U  Ả  A  A  O  N  L  H
V  G  O  S  Q  N  C  T  U  C  D  L  G  Ú  B
T  Á  O  B  Ô  R  V  R  Q  G  M  B  M  A  I
O  C  Q  U  Ả  K  I  W  I  M  O  K  L  M  T
B  Ô  N  G  C  Ả  I  X  A  N  H  K  R  Ì  I
```

TÁO	CÀ TÍM
ATISÔ	CÁ
CHUỐI	NHO
BÔNG CẢI XANH	GIĂM BÔNG
CẦN TÂY	QUẢ KIWI
PHÔ MAI	NẤM
QUẢ ANH ĐÀO	GẠO
GÀ	CÀ CHUA
SÔ CÔ LA	LÚA MÌ
TRỨNG	SỮA CHUA

12 - Chemistry

```
I  G  Q  P  C  C  C  N  D  M  K  I  U  Q  B
C  O  V  H  A  L  O  H  A  C  M  I  V  Y  I
Y  A  N  Â  R  O  B  I  Ô  U  R  Q  Ề  I  H
M  T  H  N  B  R  O  Ệ  N  X  N  B  C  M  H
G  T  Q  T  O  K  A  T  M  D  Y  P  Q  E  Ữ
Q  N  ử  ử  N  I  G  Đ  H  Y  D  R  O  N  U
H  Ạ  T  N  H  Â  N  Ộ  K  H  Í  L  N  Z  C
C  A  N  Y  R  O  ở  M  T  N  V  B  G  Y  Ơ
Â  X  Ẽ  V  C  C  L  C  T  I  Q  C  U  M  N
N  I  I  R  P  T  T  Ễ  I  H  N  M  Y  E  H
N  T  Đ  O  I  Q  Ấ  Y  O  I  Q  U  Ê  L  I
Ặ  H  C  U  L  G  H  L  C  B  O  Ố  N  H  O
N  U  L  P  L  G  C  B  Y  A  U  I  T  D  U
G  C  H  Ấ  T  X  Ú  C  T  Á  C  C  Ử  M  L
A  Y  O  R  H  B  L  O  N  C  Q  B  I  G  C
```

AXIT	HYDRO
KIỀM	ION
NGUYÊN TỬ	CHẤT LỎNG
CARBON	PHÂN TỬ
CHẤT XÚC TÁC	HẠT NHÂN
CLO	HỮU CƠ
ĐIỆN TỬ	ÔXY
ENZYME	MUỐI
KHÍ	NHIỆT ĐỘ
NHIỆT	CÂN NẶNG

13 - Music

```
G Y Y B K T U C R N C M L I K
Ộ V V K A Ĩ S C Ạ H N I T V M
U Đ Q I R L I B H Ị T C R D O
D Ụ N G C Ụ L C M P O R Ữ M L
G A G Ế K K O A M N B O T O T
Y Q D T I C K Y D H Q P Ì Q Q
G K P Y T T A A N À P H N R R
H N H Ị P I H S H N G O H C D
I Ể C D R H O G Ĩ G H N N G M
Â I A L B U M G K D Ò E T H Ơ
M Đ G I A I Đ I Ễ U A R E P O
C Ổ H G Â M N H Ạ C H H N M R
O C Ú H K P Ễ I Đ P Ợ Á A C B
G I Ọ N G H Á T R M P T L B Q
C H O B B H A D U Y P D M V U
```

ALBUM
BALLAD
ĐIỆP KHÚC
CỔ ĐIỂN
HÒA HỢP
DỤNG CỤ
TRỮ TÌNH
GIAI ĐIỆU
MICROPHONE
ÂM NHẠC

NHẠC SĨ
OPERA
THƠ
GHI ÂM
NHỊP
NHỊP NHÀNG
HÁT
CA SĨ
TIẾN ĐỘ
GIỌNG HÁT

14 - Family

```
T  Q  C  Ô  N  G  U  D  I  L  O  A  C  T  H
Ổ  I  H  A  P  K  V  R  H  Q  V  I  H  D  P
T  A  Á  K  Y  V  N  I  Á  G  N  O  C  H  D
I  R  U  G  O  O  V  A  D  Ì  Q  D  D  Ọ  A
Ê  T  Ấ  N  M  E  Ẻ  R  T  V  Ợ  U  C  H  A
N  H  Ơ  Ồ  C  E  P  T  I  L  N  L  R  M  P
H  N  H  H  O  H  Q  U  R  G  B  Q  R  E  Q
U  A  T  C  N  C  V  Á  T  H  A  A  B  I  O
O  G  I  Á  G  U  Á  H  C  H  R  A  O  À  D
D  A  Ờ  T  K  Y  G  C  M  R  H  K  Y  V  A
D  H  H  T  B  V  R  K  N  B  U  H  V  G  T
U  N  T  A  L  N  P  L  K  P  P  P  M  H  C
Y  C  N  O  U  Y  G  L  C  O  O  M  Ẹ  A  I
U  U  H  H  C  O  P  B  T  A  N  N  P  B  B
T  C  T  Ú  C  A  U  T  V  Q  V  Q  T  R  U
```

TỔ TIÊN	CHÁU TRAI
DÌ	CHỒNG
ANH TRAI	MẸ
CON	CHÁU
THỜI THƠ ẤU	CHÁU GÁI
TRẺ EM	CHA
EM HỌ	EM GÁI
CON GÁI	CHÚ
ÔNG	VỢ
BÀ	

15 - Farm #1

```
C P M Y G Y O K V V P Ê D K M
U O G N O N O C Ó V G O O Q A
H N N T T D C N H Ạ U Q N O C
Ạ Ô O M R M Q Ư C À Ô H K Ỏ C
T N T V È Ư U Ớ P G N K E P R
G G Ậ N T O Ờ C N G Ó G Y C L
I N M U V N H N P U B N R A N
Ố G Y N B T G L G U N Ừ P À I
N H K P M Q Ạ K R C Â R L H O
G I U V N I O B M T H Ò B C Q
N Ễ L I D A C G I N P B H R A
G P B P M K B V M P M T N M U
Ự Q C Y V B N P V P B Y R B B
A U T K M M P A B Ắ P C H Â N
M B C L D O H G Y A I T G A Q
```

NÔNG NGHIỆP   HÀNG RÀO
CON ONG   PHÂN BÓN
BÒ RỪNG   TRƯỜNG
BẮP CHÂN   DÊ
CON MÈO   CỎ KHÔ
GÀ   MẬT ONG
BÒ   NGỰA
CON QUẠ   GẠO
CHÓ   HẠT GIỐNG
DONKEY   NƯỚC

16 - Camping

```
T  D  V  Õ  N  G  N  Ù  R  T  N  Ô  C  L  P
H  L  P  R  M  Ặ  T  T  R  Ă  N  G  U  H  I
I  T  K  Ừ  R  A  N  Y  A  A  C  O  G  V  G
Ê  C  I  N  À  B  A  L  O  L  C  A  B  I  N
N  Â  A  G  Ắ  U  P  V  U  I  V  Ẻ  H  Ồ  Ồ
N  Y  D  N  T  B  A  T  K  V  V  Q  V  R  U
H  K  Y  Ừ  G  O  N  G  L  K  D  C  G  D  X
I  L  C  H  L  R  P  Ă  M  L  P  L  Q  H  T
Ê  H  A  T  P  L  Q  H  S  A  N  B  G  M  R
N  C  R  Y  P  L  L  N  Ú  I  N  Ả  R  M  A
U  Y  K  Â  M  Ề  O  Ử  O  A  T  N  D  L  Ũ
G  Q  T  D  Y  U  I  I  A  A  N  Đ  G  M  Q
U  D  K  H  T  H  I  Ế  T  B  Ị  Ồ  U  M  Y
Đ  Ộ  N  G  V  Ậ  T  M  H  Q  N  C  O  T  O
U  D  Q  B  O  U  G  M  U  G  T  I  Q  P  V
```

ĐỘNG VẬT
CABIN
XUỒNG
LA BÀN
THIẾT BỊ
LỬA
RỪNG
VUI VẺ
VÕNG
MŨ

SĂN BẮN
CÔN TRÙNG
HỒ
BẢN ĐỒ
MẶT TRĂNG
NÚI
THIÊN NHIÊN
DÂY THỪNG
LỀU
CÂY

17 - Algebra

```
L A I L Ố G N Ô H K Ố S K Q G
V G H T S M A T R Ậ N Ố K N I
I L N G U Ơ P I N N Ạ L P G Ả
R G Ì T Y Y Đ Q N I H Ư H T I
R C R R L Q Ế Ồ L O Ô Ợ É M Q
H R T Q O H T N P D V N P A U
P I G U R O Y Q T R P G T C Y
V Ấ N Đ Ề B I Ế N Í N N R B Ế
P C Ơ N R V M P A N N A Ừ V T
P A Ư G I Ả I P H Á P H O S N
A Ó H N Ả I G N Ơ Đ O N G A M
M T P O D Y B C M I C T M I Y
N C U B P V K U P Q B M L Y K
G P D Ố S N Â H P C L Ũ H A A
C Ô N G T H Ứ C Ặ O G N V D K
```

SƠ ĐỒ   SỐ
PHƯƠNG TRÌNH   NGOẶC
MŨ   VẤN ĐỀ
TỐ   SỐ LƯỢNG
SAI   ĐƠN GIẢN HÓA
CÔNG THỨC   GIẢI PHÁP
PHÂN SỐ   GIẢI QUYẾT
VÔ HẠN   PHÉP TRỪ
TUYẾN TÍNH   BIẾN
MA TRẬN   SỐ KHÔNG

18 - Numbers

```
M  Á  T  K  M  H  A  Y  B  A  D  M  D  M  G
Ă  Ư  U  I  A  Y  A  D  Y  K  C  Ư  A  Ư  I
N  T  Ờ  I  Y  Ả  B  I  Ờ  Ư  M  Ờ  N  Ờ  Y
Ố  H  C  I  K  B  N  M  M  N  Q  I  T  I  O
B  Ậ  H  I  C  R  G  B  T  Ư  G  U  R  B  A
I  P  Í  D  H  H  V  B  A  L  Ơ  H  I  A  Q
Ờ  P  N  U  Y  M  Í  Y  U  Á  S  I  Ờ  Ư  M
Ư  H  M  Q  I  B  L  N  Á  Q  T  A  I  D  D
M  Â  L  B  B  M  A  M  S  B  L  H  K  R  T
Ă  N  K  H  Ố  R  A  K  O  A  N  I  Y  G  I
L  G  B  K  O  N  M  C  G  R  V  Ờ  V  G  M
I  H  C  Q  H  K  Ộ  P  B  B  C  Ư  H  U  G
Ờ  I  C  U  L  G  T  U  T  Q  U  M  U  C  I
Ư  H  A  I  H  P  D  O  K  G  Y  D  P  T  H
M  Ư  Ờ  I  T  Á  M  T  A  K  V  Q  K  N  Y
```

THẬP PHÂN	BẢY
TÁM	MƯỜI BẢY
MƯỜI TÁM	SÁU
MƯỜI LĂM	MƯỜI SÁU
NĂM	MƯỜI
BỐN	MƯỜI BA
MƯỜI BỐN	BA
CHÍN	MƯỜI HAI
MƯỜI CHÍN	HAI MƯƠI
MỘT	HAI

19 - Spices

```
V  Ớ  R  T  C  O  P  O  C  Q  N  G  G  N  R
R  T  A  T  H  À  I  C  U  U  H  C  Ừ  B  I
O  C  U  Q  N  Ả  R  Q  V  Ế  Ụ  Q  C  N  O
K  Ự  M  A  À  Y  O  I  Ở  T  C  Y  Â  C  G
V  A  Ù  M  H  T  B  Q  C  M  Đ  I  Y  Ở  N
P  G  I  Ố  U  M  O  N  U  R  Ậ  L  T  C  Ơ
I  À  A  N  Y  G  C  G  I  Ả  U  Đ  H  À  Ư
Ồ  B  P  A  M  C  Q  Ọ  M  R  K  Ắ  Ì  R  H
H  Ư  Ơ  N  G  V  Ị  T  A  P  H  N  L  I  H
Y  Â  T  Ệ  H  G  N  R  I  U  Ấ  G  À  N  N
Â  U  O  T  M  V  A  G  B  A  U  O  A  A  I
C  B  G  C  T  H  Ì  L  À  A  C  A  H  V  Đ
M  L  V  A  Q  T  V  M  R  A  C  K  I  O  I
K  P  V  L  A  M  I  O  B  P  D  H  L  O  B
K  O  H  P  H  D  Y  D  O  H  D  C  I  R  I
```

CÂY HỒI	HƯƠNG VỊ
ĐẮNG	TỎI
THẢO QUẢ	GỪNG
QUẾ	NHỤC ĐẬU KHẤU
ĐINH HƯƠNG	HÀNH
RAU MÙI	ỚT CỰA GÀ
CÂY THÌ LÀ	NGHỆ TÂY
CÀ RI	MUỐI
THÌ LÀ	NGỌT
CỎ CÀ RI	VANI

20 - Mammals

```
A K B R L S K A N G A R O O C
B M L D Q Ư V Ự Ằ B T Y V M Á
D P Ỉ Ó C T H G V O B L L P H
K D T H Ổ Ử Ả N A I T R K Y E
H N C C K I C Ự Y K L M Y O
Ỉ G Y Á D U L L G I N D V N Y
Đ Q Q V T K Y P N T P P L N U
Ộ E T O Y O C Q N P D C N A Q
T O B I R Á Q H T Y T H I V C
L U N O B C U Y G N G H I D H
L A B V B Ò L Q U L Ấ C P T Ó
O È M N O C Đ Q Q V U O Ừ G S
U Q O O M Y H Ự P R H K H U Ó
D V Q C U O N M C N I P B G I
M N M I T H Ư Ơ U C A O C Ổ C
```

GẤU	KHỈ ĐỘT
HẢI LY	NGỰA
BÒ ĐỰC	KANGAROO
CON MÈO	SƯ TỬ
COYOTE	KHỈ
CHÓ	THỎ
CÁ HEO	CỪU
CON VOI	CÁ VOI
CÁO	CHÓ SÓI
HƯƠU CAO CỔ	NGỰA VẰN

21 - Fishing

```
U  Y  C  K  B  Y  G  K  D  A  O  P  L  U  H
A  B  Q  B  Q  H  B  A  C  O  V  G  L  V  Q
D  D  C  P  T  H  U  Y  Ề  N  T  L  V  B  H
G  Y  R  L  Q  O  Ấ  V  Â  Y  L  M  R  T  I
M  H  K  T  R  C  N  A  T  H  S  Ô  N  G  B
P  Ồ  H  I  C  Â  N  N  Ặ  N  G  O  D  L  Ã
H  M  I  V  M  Ù  A  P  Ỗ  H  A  H  Â  M  I
Ó  A  C  Á  I  R  Ổ  V  D  H  À  I  Y  Ị  B
N  N  M  G  Q  Q  K  H  V  H  N  M  P  B  I
G  G  N  Ơ  Ư  D  I  Ạ  Đ  N  R  N  C  T  Ể
Đ  P  K  N  Q  C  L  P  V  C  U  Ư  Ê  Ế  N
Ạ  V  C  Y  U  M  K  P  Y  D  O  Ớ  U  I  Y
I  A  N  H  U  V  R  L  A  G  A  C  H  H  K
D  A  O  B  P  D  B  D  N  N  D  Ó  L  T  B
O  Y  L  O  T  Q  I  M  D  Y  B  M  H  Y  B
```

MỒI   HÀM
CÁI RỔ   HỒ
BÃI BIỂN   ĐẠI DƯƠNG
THUYỀN   KIÊN NHẪN
NẤU   SÔNG
THIẾT BỊ   MÙA
PHÓNG ĐẠI   NƯỚC
VÂY   CÂN NẶNG
MANG   DÂY
MÓC

22 - Bees

```
T R Á I C Â Y T H H S T G L L
C B T K V N K Q K Q Á V K Y O
H Ệ S I N H T H Á I P G L M M
H Ọ P L Ạ I D Đ A Â D Ạ N G O B
Y M U R P Ờ V M K C U Ù N K B
G D T R C R O K A L U R À V G
Y I H T R T M M K L B T O Ư R
T Q Ụ D Y T N B V Q P N H Ờ Q
B Y P K Y Ặ G N B M G Ô Ữ N A
Y I H T L M R K O Y Â C N C H
I C Ấ H Q Q V A H T H Ứ C Ă N
O V N C I H H I O Ó M P P D Á
V U H Q N V O N T L I Ợ L Ó C
N R Y K B A E A M Ậ T O N G O
P H Ấ N H O A U T I N L Y H O
```

CÓ LỢI
ĐA DẠNG
HỆ SINH THÁI
HOA
THỨC ĂN
TRÁI CÂY
VƯỜN
HIVE
MẬT ONG
CÔN TRÙNG

CÂY
PHẤN HOA
THỤ PHẤN
NỮ HOÀNG
KHÓI
MẶT TRỜI
HỌP LẠI
SÁP
CÁNH

23 - Weather

```
B  Ã  O  T  Á  P  N  R  T  R  I  H  N  Ộ  B
P  U  L  N  É  O  H  I  P  Y  A  Q  M  Đ  S
K  H  Ô  B  O  S  I  R  L  L  Ũ  L  Ụ  T  Ấ
C  D  L  U  Y  M  Ễ  N  V  K  C  D  Y  Ễ  M
L  Ơ  U  B  D  M  T  Ư  K  I  U  P  L  I  S
N  B  N  K  L  M  Đ  Ớ  A  V  A  K  K  H  É
O  M  K  B  H  G  Ớ  C  C  Ự  C  B  R  N  T
L  D  P  O  Ã  Ô  I  Đ  K  H  Í  H  Ậ  U  P
Ố  G  I  Ó  O  N  Á  R  C  Y  C  R  P  H
C  N  A  Ù  M  Ó  I  G  N  Ồ  V  U  Ầ  C  Ạ
X  B  Ầ  U  T  R  Ờ  I  K  T  K  I  Y  T  N
O  N  S  Ư  Ơ  N  G  M  Ù  H  B  K  O  Q  H
Á  N  O  B  D  Q  D  L  U  N  Í  M  Q  R  Á
Y  Â  M  M  Á  Đ  V  L  M  B  D  G  P  D  N
R  Q  Q  I  B  H  O  N  G  C  K  G  C  A  L
```

KHÔNG KHÍ	GIÓ MÙA
KHÍ HẬU	CỰC
ĐÁM MÂY	CẦU VỒNG
HẠN HÁN	BẦU TRỜI
KHÔ	BÃO TÁP
LŨ LỤT	NHIỆT ĐỘ
SƯƠNG MÙ	SẤM SÉT
CƠN BÃO	LỐC XOÁY
NƯỚC ĐÁ	NHIỆT ĐỚI
SÉT	GIÓ

24 - Restaurant #2

```
M  L  Ế  Q  B  M  Y  C  Á  T  I  C  D  A  P
I  V  H  K  L  P  P  Ớ  I  H  T  I  H  D  H
B  M  G  I  A  V  Ị  Ư  Ố  R  S  V  G  Q  Ụ
V  N  Ì  P  M  N  G  N  T  R  Ú  V  T  T  C
G  R  G  C  Á  I  N  Ĩ  A  D  P  A  R  N  V
L  G  K  O  C  H  Ă  B  Ữ  A  T  R  Ư  A  Ụ
B  C  N  H  N  Á  B  M  B  L  I  O  G  Ì  N
V  H  Y  Â  C  I  Á  R  T  A  R  V  Q  H  A
U  M  T  T  Y  K  V  Q  A  S  V  I  A  T  M
K  U  T  R  Ứ  N  G  N  Ố  U  Ồ  Đ  M  I  R
I  Ố  H  L  Q  A  D  C  R  R  Y  Q  A  Á  C
R  I  G  Y  A  V  D  U  C  P  B  G  G  C  N
L  K  B  V  P  A  P  Y  Q  O  U  L  G  V  C
U  N  N  N  T  N  N  D  L  L  G  B  D  T  V
M  R  B  V  O  D  B  A  H  T  Q  M  I  N  R
```

ĐỒ UỐNG	BỮA TRƯA
BÁNH	MÌ
GHẾ	SALAD
NGON	MUỐI
BỮA TỐI	SÚP
TRỨNG	GIA VỊ
CÁ	CÁI THÌA
CÁI NĨA	RAU
TRÁI CÂY	PHỤC VỤ NAM
BĂNG	NƯỚC

25 - Geology

```
R  G  C  V  V  Đ  L  O  B  M  Ô  Y  H  I  T
P  Ở  L  A  C  K  Ộ  Ỳ  K  U  H  C  Ó  D  H
Y  P  I  Ụ  L  B  C  N  H  Ố  N  A  A  Đ  Ạ
U  G  K  G  C  C  P  D  G  I  A  P  T  Á  C
H  N  Q  N  N  Đ  I  B  B  Đ  S  P  H  P  H
Y  Ê  U  Ộ  T  G  Ị  U  K  C  Ấ  D  Ạ  Y  A
R  Y  P  Đ  U  Ể  G  A  M  X  H  T  C  Q  N
D  U  N  G  N  H  A  M  M  Ó  L  I  H  D  H
A  G  O  N  N  T  Ử  C  O  I  I  X  Y  R  P
B  N  L  A  T  H  L  U  N  M  D  A  R  V  A
M  O  B  H  N  N  I  G  H  Ò  C  P  T  R  Q
V  A  D  Y  L  I  Ú  C  R  N  N  H  Ũ  Đ  Á
P  C  V  B  V  T  N  P  O  G  P  L  V  O  A
A  L  N  Ó  N  G  C  H  Ả  Y  A  P  R  T  Q
K  H  O  Á  N  G  S  Ả  N  Y  V  V  O  P  R
```

AXIT	DUNG NHAM
CALCIUM	LỚP
HANG ĐỘNG	KHOÁNG SẢN
LỤC ĐỊA	NÓNG CHẢY
SAN HÔ	CAO NGUYÊN
TINH THỂ	THẠCH ANH
CHU KỲ	MUỐI
ĐỘNG ĐẤT	NHŨ ĐÁ
XÓI MÒN	ĐÁ
HÓA THẠCH	NÚI LỬA

26 - House

```
C Q N V G Á C X É P A Đ I C K
B H H K Q K Q H M Q D Ồ Y G U
G Y Ì G T I R T K N G N Ơ Ư G
A Ổ S A Ử C L M M V K Ộ N T P
M T O L K N P G O G I I H I N
R T O I Ổ H C Đ È N G T À Y L
I Ở Ư S Ò L Ó R H Q I H B R H
N Q K Ờ G P V A N M K Ấ Ế G T
I A N Y N Ễ I V Ư H T T P O O
Q O N Y Ở G B C O À R G N À H
A D I I Ư N E S A O H I Ò V L
G K T R V Ò Y O Y L L N L R I
O T Q Q À H N I Á M C G N V R
D B M Y H P R N T K Ử B L À I
R È M C Ử A I N K O A R A G S
```

GÁC XÉP
CHỔI
RÈM CỬA
CỬA
HÀNG RÀO
LÒ SƯỞI
SÀN NHÀ
ĐỒ NỘI THẤT
GA-RA
VƯỜN

CHÌA KHÓA
NHÀ BẾP
ĐÈN
THƯ VIỆN
GƯƠNG
MÁI NHÀ
PHÒNG
VÒI HOA SEN
TƯỜNG
CỬA SỔ

27 - Physics

```
I  T  Ấ  H  C  A  Ó  H  P  B  C  K  L  I  G
C  Ừ  L  R  R  I  K  U  G  H  C  C  V  A  I
A  T  H  T  C  V  H  H  Y  N  Â  M  D  I  A
M  Í  Đ  Ạ  Ố  A  Í  H  K  Ơ  C  N  Ử  B  T
Y  N  C  Ộ  T  D  D  R  T  A  Ứ  P  T  H  Ố
C  H  Q  O  N  N  H  Ạ  T  N  H  Â  N  Ử  C
Y  M  N  I  Ậ  G  V  C  T  K  T  T  Ệ  T  R
M  A  Q  I  V  N  C  G  Ầ  H  G  Ố  I  N  T
M  Ậ  T  Đ  Ộ  Ộ  U  Ơ  N  Ố  N  C  Đ  Ê  U
Q  D  N  O  I  R  Y  I  S  I  Ô  Đ  T  Y  L
A  P  N  K  B  Ở  A  U  Ố  L  C  Ộ  N  U  K
A  H  P  T  C  M  P  O  R  Ư  M  T  C  G  P
C  K  G  U  C  Y  C  O  P  Ợ  L  C  K  N  H
G  U  L  B  O  N  Ạ  O  L  N  Ỗ  H  Y  L  Ổ
Q  I  C  B  M  U  L  A  I  G  M  H  O  U  C
```

GIA TỐC	KHÍ
NGUYÊN TỬ	TỪ TÍNH
HỖN LOẠN	KHỐI LƯỢNG
HÓA CHẤT	CƠ KHÍ
MẬT ĐỘ	PHÂN TỬ
ĐIỆN TỬ	HẠT NHÂN
ĐỘNG CƠ	HẠT
MỞ RỘNG	TỐC ĐỘ
CÔNG THỨC	PHỔ
TẦN SỐ	VẬN TỐC

28 - Coffee

```
I  P  L  I  P  O  Á  A  N  R  U  Đ  U  T  T
O  G  G  B  U  Ổ  I  S  Á  N  G  Ắ  Ố  U  A
Đ  Ồ  U  Ố  N  G  G  Đ  K  K  N  N  N  Q  Q
P  M  H  T  K  N  Q  Ư  T  H  A  G  G  L  V
B  Ộ  L  Ọ  C  E  C  Ờ  U  H  R  R  N  V  H
P  P  C  I  K  N  M  N  N  Y  Ơ  M  Ở  R  Y
G  Ố  C  Đ  E  N  Y  G  Q  B  L  M  L  K  U
D  V  V  V  U  L  M  L  T  D  K  D  T  C  U
D  I  N  N  Ư  Ớ  C  R  B  U  O  H  Ấ  D  D
Q  Q  V  G  C  Q  M  H  T  B  A  A  H  Q  I
M  N  Q  A  M  R  B  T  O  A  X  T  C  I  D
M  Y  Q  K  D  A  P  V  U  H  O  A  M  N  I
I  L  V  D  C  A  F  F  E  I  N  E  Y  Q  K
H  Ư  Ơ  N  G  V  Ị  C  Ố  C  D  O  K  U  C
S  Ữ  A  L  R  O  A  Y  A  O  P  N  H  T  N
```

THƠM	CHẤT LỎNG
ĐỒ UỐNG	SỮA
ĐẮNG	BUỔI SÁNG
ĐEN	GỐC
CAFFEINE	GIÁ
KEM	RANG
CỐC	ĐƯỜNG
BỘ LỌC	UỐNG
HƯƠNG VỊ	NƯỚC
XAY	

29 - Shapes

```
N K O Y C T B D L G H C Y Y M
P U L P V M T L Y Ó À Ạ O N Q
D C I A U M R M Q C N N Ê B D
H Y P E R B O L A Đ G H R N V
Q V P B B P V B Y K A D I G D
B U N Q A C D T O I C G N Ò V
T N Ả Ó H L P G C M K U I M T
T K C N N H I R Q T O I K Á H
N Ò R T G N Ò V Q Ự A N O A C
M V O G V T C Ụ R T H N Ì H P
I I P H A L R C N H M R C M O
E L L I P S E Ư G Á I Q Ầ C M
T A M G I Á C P Ờ P D O U U L
Đ Ư Ờ N G C O N G N Ă L A N O
N N I A R Q Y I T K G A L G A
```

CUNG	HÀNG
VÒNG TRÒN	ĐA GIÁC
NÓN	LĂNG
GÓC	KIM TỰ THÁP
ĐƯỜNG CONG	VÒNG
HÌNH TRỤ	BÊN
CẠNH	CẦU
ELLIPSE	QUẢNG TRƯỜNG
HYPERBOLA	TAM GIÁC

30 - Scientific Disciplines

```
S   I   N   H   L   Ý   H   Ọ   C   K   R   C   T   S   T
H   K   C   Ọ   H   Ổ   C   O   Ả   H   K   B   H   I   H
N   Q   V   N   O   B   Ọ   Y   Y   O   N   M   Ầ   N   I
M   G   V   H   X   Ã   H   Ộ   I   H   Ọ   C   N   H   Ê
N   N   Ô   V   P   K   H   C   T   H   G   H   K   T   N
R   Á   V   N   H   M   N   Ọ   Ị   C   O   B   I   H   V
Y   O   G   N   N   T   I   H   Y   D   O   K   N   Á   Ă
O   H   Y   Q   N   G   S   A   G   P   N   Y   H   I   N
N   K   V   C   P   O   Ữ   Ó   K   V   V   Ễ   N   Ý   H
Y   T   Q   C   L   V   Í   H   K   Ơ   C   Q   I   L   Ọ
K   I   N   E   S   I   O   L   O   G   Y   T   S   M   C
K   H   Í   T   Ư   Ợ   N   G   H   Ọ   C   B   A   Â   I
G   I   Ả   I   P   H   Ẫ   U   H   Ọ   C   A   Ó   T   G
T   H   Ự   C   V   Ậ   T   H   Ọ   C   T   Y   H   T   N
Đ   Ị   A   C   H   Ấ   T   H   Ọ   C   L   Q   L   U   Q
```

GIẢI PHẪU HỌC	KINESIOLOGY
KHẢO CỔ HỌC	NGÔN NGỮ
THIÊN VĂN HỌC	CƠ KHÍ
HÓA SINH	KHÍ TƯỢNG HỌC
SINH HỌC	KHOÁNG
THỰC VẬT HỌC	THẦN KINH
HÓA HỌC	SINH LÝ HỌC
SINH THÁI	TÂM LÝ
ĐỊA CHẤT HỌC	XÃ HỘI HỌC
MIỄN DỊCH	

31 - Science

```
R  K  D  T  Y  U  T  I  Ế  N  H  Ó  A  N  A
U  R  H  Ấ  H  Ẽ  Q  O  I  Y  Q  D  P  B  H
H  Ạ  T  H  B  I  L  P  U  O  U  R  C  K  Ó
A  U  D  C  K  L  Ê  P  K  R  U  U  Â  H  A
T  R  V  A  M  Ữ  T  N  H  V  V  I  Y  O  T
T  R  T  Ó  B  D  M  N  N  Â  C  O  T  Á  H
N  T  Ọ  H  D  G  V  D  U  H  N  R  U  N  Ạ
C  Y  R  N  O  V  H  O  Ậ  P  I  T  V  G  C
P  Á  H  P  G  N  Ơ  Ư  H  P  I  Ê  Ử  S  H
U  H  M  V  V  L  G  O  Í  C  U  B  N  Ả  A
D  R  O  B  R  U  Ự  M  H  B  T  Q  D  N  Q
Q  U  A  N  S  Á  T  C  K  H  H  N  G  K  A
N  G  U  Y  Ê  N  T  Ử  T  T  H  Ự  C  T  Ế
V  Ậ  T  L  Ý  T  H  Í  N  G  H  I  Ẽ  M  H
G  I  Ả  T  H  U  Y  Ế  T  P  B  B  D  H  A
```

NGUYÊN TỬ	GIẢ THUYẾT
HÓA CHẤT	PHƯƠNG PHÁP
KHÍ HẬU	KHOÁNG SẢN
DỮ LIỆU	PHÂN TỬ
TIẾN HÓA	THIÊN NHIÊN
THÍ NGHIỆM	QUAN SÁT
THỰC TẾ	HẠT
HÓA THẠCH	VẬT LÝ
TRỌNG LỰC	CÂY

32 - Beauty

```
T O Â N Ă I M O R P H A P T D
Q Y M Q N M Ơ H T G N Ơ Ư H Ầ
C U Ầ D Ả C M C D O A M I O U
R U Y U N G A Ị I D I R A P G
K Q R Ế H R H L G G Q A M B Ộ
I É D L N K Q H R G O I Ị Q I
A T O H S R G N Ọ R T G N A S
D Ị C H V Ụ Ữ A R Q C H B R M
S T Y L I S T H Y O G Y O A Ỹ
V R H G D A Y T Y Y O T A C P
C T P B V R T Q I Ô M N O S H
T R A N G Đ I Ể M D H D V A Ẩ
C A M K H T H K C P U D M M M
T O À Y G Ư Ơ N G T M N K Y B
C D U G O U I C D T K Y M H T
```

QUYẾN RŨ	MASCARA
MÀU	GƯƠNG
MỸ PHẨM	DẦU
CURLS	ĂN ẢNH
SANG TRỌNG	KÉO
THANH LỊCH	DỊCH VỤ
HƯƠNG THƠM	DẦU GỘI
ÂN	DA
SON MÔI	MỊN
TRANG ĐIỂM	STYLIST

33 - Clothes

```
H  M  B  A  K  C  Q  K  G  V  Á  O  L  E  N
T  N  Q  K  L  H  T  N  C  Á  O  H  K  O  Á
R  P  G  C  A  B  Ă  H  L  Y  À  I  G  T  M
V  K  M  L  C  O  U  N  Ắ  B  H  O  I  Ạ  C
T  R  A  N  G  S  Ứ  C  Q  T  D  A  L  P  M
H  Y  B  Ă  U  M  G  D  R  U  L  T  R  D  C
V  B  I  M  Ũ  Y  H  Q  É  L  À  Ư  D  Ề  G
Á  O  S  Ơ  M  I  K  V  L  P  R  N  N  L  I
N  Y  O  R  V  Á  O  C  Á  N  H  A  G  G  I
V  G  Y  C  Ò  Y  Q  T  H  M  O  M  G  C  G
Q  I  A  G  N  L  V  Ò  N  G  T  A  Y  T  Ổ
R  M  O  H  G  R  P  R  Ầ  G  M  J  P  P  H
I  H  H  P  C  H  K  U  U  O  H  A  H  A  V
R  T  C  R  Ổ  L  Y  A  Q  G  U  P  A  L  H
G  Ă  N  G  T  A  Y  Q  U  Ầ  N  J  E  A  N
```

TẠP DỀ	VÒNG CỔ
THẮT LƯNG	PAJAMA
ÁO CÁNH	QUẦN
VÒNG TAY	DÉP
ĂN	KHĂN QUÀNG CỔ
GĂNG TAY	ÁO SƠ MI
MŨ	GIÀY
ÁO KHOÁC	VÁY
QUẦN JEAN	ÁO LEN
TRANG SỨC	

34 - Insects

```
K  I  R  M  C  B  O  I  M  L  K  O  B  L  U
T  N  B  Ố  O  I  Ấ  H  O  R  N  E  T  A  V
K  B  B  I  N  M  U  Â  S  U  Q  B  I  G  H
T  I  T  M  V  G  T  O  C  H  G  Ọ  V  B  Y
U  G  Ế  T  E  O  R  H  T  Y  B  N  Á  I  G
Ấ  U  V  N  S  N  Ù  U  G  N  T  G  V  C  H
H  B  T  N  Ằ  G  N  P  L  T  P  Ự  I  C  P
C  Y  Ọ  R  U  G  G  K  T  A  L  A  M  U  P
U  D  U  C  H  U  B  M  B  Ư  Ớ  M  Đ  Ê  M
Â  A  V  U  H  A  L  U  Ớ  R  Ẽ  P  Q  R  N
H  L  O  P  K  É  A  Ỗ  C  Ư  O  P  I  M  T
C  À  O  C  À  O  T  I  B  C  B  V  C  V  P
B  Ọ  C  Á  N  H  C  Ứ  N  G  R  U  D  Y  Y
L  G  H  C  I  I  C  O  N  O  N  G  V  C  P
I  Y  O  T  A  U  B  B  A  D  D  P  N  D  P
```

KIẾN	LADYBUG
RỆP	ẤU TRÙNG
CON ONG	CÀO CÀO
BỌ CÁNH CỨNG	BỌ NGỰA
BƯỚM	MUỖI
CON VE SẦU	BƯỚM ĐÊM
GIÁN	MỐI
BỌ CHÉT	ONG
CHÂU CHẤU	SÂU
HORNET	

35 - Astronomy

```
P  A  K  T  Q  Ạ  X  C  Ứ  B  M  G  K  O  K
H  S  N  N  Y  G  D  I  H  H  Y  Q  I  P  T
V  A  T  R  Á  I  Đ  Ấ  T  Ò  Q  B  C  N  N
A  O  G  R  H  V  B  K  I  R  M  Y  T  Y  H
H  C  T  Ê  N  L  Ử  A  I  L  A  S  D  K  Ậ
N  H  P  H  I  H  À  N  H  G  I  A  A  B  T
I  Ổ  M  N  T  N  S  M  T  Q  I  I  M  O  T
T  I  C  R  Ễ  I  A  Ặ  P  I  Y  K  Q  B  H
N  H  A  P  V  T  O  T  T  Ờ  N  Â  H  P  Ự
Â  C  I  N  H  H  B  T  H  R  V  H  B  P  C
T  O  D  Ê  R  N  Ă  R  I  T  Ũ  B  V  I  P
U  P  O  I  N  À  N  Ă  M  U  T  T  I  Â  M
Ê  V  Z  H  T  H  G  N  V  Ằ  R  Y  V  U  N
I  M  D  T  M  Y  À  G  H  B  Ụ  D  A  Q  K
S  Đ  À  I  Q  U  A  N  S  Á  T  L  H  Q  L
```

PHI HÀNH GIA	MẶT TRĂNG
THIÊN	TINH VÂN
SAO CHỔI	ĐÀI QUAN SÁT
CHÒM SAO	HÀNH TINH
VŨ TRỤ	BỨC XẠ
TRÁI ĐẤT	TÊN LỬA
NHẬT THỰC	VỆ TINH
PHẦN	BẦU TRỜI
THIÊN HÀ	SIÊU TÂN TINH
SAO BĂNG	ZODIAC

36 - Health and Wellness #2

```
M  D  I  T  R  U  Y  Ề  N  G  L  G  A  D  K
Á  C  P  R  M  O  L  A  C  N  L  I  N  N  R
U  C  Â  N  N  Ặ  N  G  Ớ  P  A  Ả  L  G  V
K  H  Ỏ  E  M  Ạ  N  H  Ư  D  B  I  D  G  I
K  G  A  Q  V  D  Ị  Ứ  N  G  Ẽ  P  Y  U  T
B  Ệ  N  H  V  I  Ệ  N  T  N  N  H  G  D  A
Ă  C  V  R  O  U  P  O  Ấ  H  H  Ẫ  N  I  M
V  N  Ă  V  P  G  I  H  M  D  K  U  Ù  N  I
Ệ  X  K  N  Y  H  R  B  Ụ  N  G  H  R  H  N
S  O  U  I  G  T  Y  H  Q  C  Y  Ọ  T  D  N
I  A  B  T  Ê  T  B  R  H  D  H  C  M  Ư  G
N  B  P  R  C  N  H  N  D  D  U  Ồ  Ễ  Ỡ  O
H  Ó  L  O  R  G  G  Ẳ  Q  R  A  H  I  N  N
C  P  C  I  A  O  D  R  N  M  I  C  H  G  U
I  N  P  Q  G  N  Ợ  Ư  L  G  N  Ă  N  C  G
```

DỊ ỨNG	KHỎE MẠNH
GIẢI PHẪU HỌC	BỆNH VIỆN
NGON	VỆ SINH
MÁU	NHIỄM TRÙNG
CALO	XOA BÓP
MẤT NƯỚC	DINH DƯỠNG
ĂN KIÊNG	PHỤC HỒI
BỆNH	CĂNG THẲNG
NĂNG LƯỢNG	VITAMIN
DI TRUYỀN	CÂN NẶNG

37 - Disease

```
H  A  O  D  P  X  G  R  N  B  T  D  O  C  U
I  Ộ  K  I  Ấ  D  O  U  I  H  P  V  I  Ê  M
L  K  I  Ổ  H  P  L  A  N  B  N  T  D  I  I
O  Â  D  C  Ô  Y  N  H  N  B  U  V  M  Q  T
B  K  Y  Ể  H  T  Ơ  C  O  G  Ệ  G  B  U  M
V  T  Q  N  C  Ứ  L  K  T  Q  I  O  Y  T  T
P  O  H  M  H  C  N  R  C  H  L  H  N  T  O
K  D  Y  Ã  T  I  D  G  N  Ứ  Ị  D  V  H  P
Q  Y  L  N  A  T  Ễ  P  Ề  O  R  B  I  Ắ  H
N  I  D  T  V  L  Y  M  Y  T  T  Ụ  K  T  T
V  I  I  Í  Y  L  N  B  U  Y  L  N  H  L  U
N  K  L  N  Y  Ế  U  G  R  R  U  G  U  Ư  B
G  E  Ỏ  H  K  C  Ứ  S  T  H  N  G  Ẩ  N  M
M  Ầ  M  B  Ệ  N  H  Q  I  Q  Q  Q  N  G  T
X  Ư  Ơ  N  G  H  C  Ị  D  N  Ễ  I  M  Y  K
```

BỤNG	MIỄN DỊCH
DỊ ỨNG	VIÊM
VI KHUẨN	THẮT LƯNG
CƠ THỂ	MẦM BỆNH
XƯƠNG	PHỔI
MÃN TÍNH	HÔ HẤP
LÂY NHIỄM	XOANG
SỨC KHỎE	HỘI CHỨNG
TIM	TRỊ LIỆU
DI TRUYỀN	YẾU

38 - Time

```
K  N  L  T  G  Ỷ  K  P  Ậ  H  T  B  C  O  S
L  Ă  I  Ị  H  C  T  H  C  R  G  U  C  G  Ớ
L  M  H  V  C  Á  Q  Ú  A  Y  D  Ổ  A  D  M
A  U  Q  M  Ô  H  N  T  M  B  Ờ  I  G  Q  Q
Đ  Đ  Ê  M  Y  U  Y  G  H  T  R  S  P  H  N
N  Ồ  Q  T  H  Ế  K  Ỷ  G  Y  A  Á  N  V  N
A  B  N  B  Â  Y  G  I  Ờ  H  M  N  T  B  V
V  T  K  G  H  À  N  G  N  Ă  M  G  Ư  B  D
C  D  P  N  H  V  C  Ớ  Ư  R  T  O  Ơ  L  K
B  N  C  G  C  Ồ  P  R  G  K  U  P  N  V  D
P  T  U  À  G  U  U  Q  Q  L  Ầ  G  G  Q  M
Y  L  L  Y  T  D  R  C  R  T  N  C  L  C  I
R  Y  U  H  Ô  M  N  A  Y  P  V  T  A  N  B
Q  M  L  V  N  H  N  M  L  T  Q  C  I  D  P
M  V  N  C  I  O  V  B  U  Ổ  I  T  R  Ư  A
```

HÀNG NĂM	THÁNG
TRƯỚC	BUỔI SÁNG
LỊCH	ĐÊM
THẾ KỶ	BUỔI TRƯA
ĐỒNG HỒ	BÂY GIỜ
NGÀY	SỚM
THẬP KỶ	HÔM NAY
TƯƠNG LAI	TUẦN
GIỜ	NĂM
PHÚT	HÔM QUA

39 - Buildings

```
C  A  R  D  A  Q  Ộ  G  V  T  G  Đ  S  L  B
U  T  A  N  Ạ  S  H  C  Á  H  K  Ạ  Â  Â  Ả
K  U  P  P  N  K  N  Ọ  X  I  K  I  N  U  O
M  D  G  U  C  Q  Ă  H  C  Q  U  S  V  Đ  T
V  G  A  V  Ọ  A  C  G  Ú  B  N  Ứ  Ậ  À  À
Đ  I  Y  S  H  H  L  N  T  A  D  Q  N  I  N
N  À  G  D  I  Ề  Ờ  Ý  P  V  U  Đ  Q  G
Ẽ  Ô  I  G  Ạ  Ê  U  Ư  K  R  N  Á  Ộ  Q  O
I  L  N  Q  Đ  U  U  R  P  I  Y  N  N  Y  O
V  N  G  G  U  A  Q  T  Á  B  Q  I  G  Y  I
H  Q  M  T  T  A  Ự  V  H  C  T  B  Y  A  R
N  D  G  D  V  R  N  Y  T  Ị  V  A  U  D  V
Ẽ  M  L  T  T  A  Ậ  S  H  R  D  C  C  R  D
B  A  Q  D  U  G  D  I  Á  P  R  V  L  O  T
N  H  À  M  Á  Y  O  H  G  T  Á  H  P  Ạ  R
```

CĂN HỘ	KHÁCH SẠN
VỰA	BẢO TÀNG
CABIN	ĐÀI QUAN SÁT
LÂU ĐÀI	TRƯỜNG HỌC
ĐẠI SỨ QUÁN	SÂN VẬN ĐỘNG
NHÀ MÁY	SIÊU THỊ
NÔNG TRẠI	LỀU
GA-RA	RẠP HÁT
BỆNH VIỆN	THÁP
KÝ TÚC XÁ	ĐẠI HỌC

40 - Philanthropy

```
T  K  T  T  L  C  A  R  M  T  O  N  Q  V  C
H  T  M  Ừ  N  U  B  B  Ụ  O  R  V  U  G  Ô
Ế  U  C  T  N  Ằ  C  G  C  V  T  Ẻ  Ỹ  B  N
H  H  H  H  H  C  C  U  T  V  G  A  E  V  G
Ệ  V  Ư  I  I  N  Ự  G  I  Q  R  M  L  M  C
O  C  Ơ  Ễ  Ễ  À  H  N  Ê  M  K  G  B  B  Ộ
N  H  N  N  M  O  T  Ó  U  C  Ầ  N  L  B  N
L  L  G  Ê  V  T  G  L  M  O  K  B  Ị  U  G
I  M  T  Ị  Ụ  G  N  Ồ  Đ  G  N  Ộ  C  Q  P
Ê  R  R  N  I  L  U  B  N  N  T  G  H  U  Q
N  P  Ì  H  M  D  R  R  H  H  G  M  S  O  G
L  D  N  N  Q  P  T  T  Ặ  N  G  Ư  Ử  I  U
Ạ  Q  H  A  T  À  I  C  H  Í  N  H  Ờ  P  Y
C  V  N  H  Â  N  L  O  Ạ  I  D  O  Y  I  B
L  I  I  T  C  L  V  K  T  M  Q  T  D  C  B
```

TỪ THIỆN	NHÓM
TRẺ EM	LỊCH SỬ
CỘNG ĐỒNG	TRUNG THỰC
LIÊN LẠC	NHÂN LOẠI
TẶNG	NHIỆM VỤ
TÀI CHÍNH	CẦN
QUỸ	NGƯỜI
THẾ HỆ	CHƯƠNG TRÌNH
TOÀN CẦU	CÔNG CỘNG
MỤC TIÊU	THANH NIÊN

41 - Herbalism

```
H  H  R  C  O  I  T  T  K  O  T  O  H  B  A
Ú  T  O  B  C  G  V  N  P  B  G  V  O  Ạ  M
N  H  O  A  R  O  S  E  M  A  R  Y  A  C  L
G  Ơ  R  Ẩ  O  D  M  M  A  Q  À  L  Ì  H  T
Q  M  E  M  X  Ả  T  H  Ự  C  V  Ậ  T  À  L
U  Ấ  G  T  A  V  I  Ợ  L  Ó  C  G  L  U  Á
Ế  I  A  H  N  N  Ẫ  H  P  H  N  À  H  T  K
V  G  N  Ự  H  Ờ  H  Q  Ư  V  L  D  Y  D  I
I  R  O  C  V  Ư  Y  Ư  I  Ơ  Y  Y  H  D  N
C  U  P  P  M  V  P  Q  Ơ  C  N  D  K  D  H
O  C  N  P  P  K  K  G  D  N  L  G  U  A  G
C  O  C  P  H  I  N  P  R  M  G  O  B  H  I
M  Ù  I  T  Â  Y  R  A  N  B  H  V  C  P  Ớ
C  T  L  Ổ  T  G  B  O  Q  R  B  G  Ị  O  I
B  D  Y  Â  T  Ệ  H  G  N  V  D  O  H  Y  P
```

THƠM	THÀNH PHẦN
HÚNG QUẾ	HOA OẢI HƯƠNG
CÓ LỢI	LÁ KINH GIỚI
ẨM THỰC	BẠC HÀ
THÌ LÀ	OREGANO
HƯƠNG VỊ	MÙI TÂY
HOA	THỰC VẬT
VƯỜN	ROSEMARY
TỎI	NGHỆ TÂY
XANH	GIẤM

42 - Vehicles

```
X  Q  Q  R  A  K  I  X  C  Ắ  T  E  X  X  Y
K  E  A  L  A  I  Ơ  H  E  X  C  A  H  E  C
L  C  T  I  G  H  A  A  T  Đ  T  K  R  C  R
A  R  Ý  A  Ử  L  N  Ê  T  Y  Ạ  R  Y  Ứ  B
A  N  Ử  Y  M  U  M  O  O  N  P  N  U  A
H  Q  B  L  M  G  X  E  T  Ả  I  L  O  T  P
Ơ  O  E  E  C  Y  A  T  I  L  A  D  P  H  O
C  P  X  X  Y  R  T  O  T  Ố  Y  C  Y  Ư  É
G  A  V  B  H  A  Y  O  Y  P  M  N  P  Ơ  K
N  V  R  È  T  H  U  Y  Ề  N  V  A  N  N  Y
Ộ  H  T  A  N  N  B  C  Y  C  V  I  D  G  Á
Đ  C  Q  I  V  X  E  Đ  I  Ệ  N  N  G  Ầ  M
K  L  I  L  Y  A  M  Á  Y  B  A  Y  O  O  Y
B  H  D  L  C  Q  N  P  H  À  Q  M  U  Q  U
T  À  U  N  G  Ầ  M  N  D  D  B  B  L  A  N
```

MÁY BAY

XE CỨU THƯƠNG

XE ĐẠP

THUYỀN

XE BUÝT

XE HƠI

CARAVAN

PHÀ

ĐỘNG CƠ

BÈ

TÊN LỬA

XE TAY GA

TÀU NGẦM

XE ĐIỆN NGẦM

XE TẮC XI

LỐP

MÁY KÉO

XE LỬA

XE TẢI

VAN

43 - Flowers

```
G  N  C  K  U  Y  L  Ờ  I  K  H  U  Y  Ê  N
H  O  A  L  O  A  K  È  N  I  T  G  C  Y  I
G  P  D  G  N  Ồ  H  A  O  H  Ụ  G  B  H  I
A  L  Y  N  B  Ó  H  O  A  Q  B  Y  I  H  H
R  U  I  Ơ  O  D  D  E  N  I  M  S  A  J  H
D  M  M  Ư  B  U  M  O  C  I  Â  L  G  H  K
E  E  P  H  O  N  G  L  A  N  D  A  I  S  Y
N  R  H  I  H  Ư  Ớ  N  G  D  Ư  Ơ  N  G  C
I  I  Q  Ả  I  G  Y  P  O  P  P  Y  U  Y  U
A  A  M  O  C  Ỏ  B  A  L  Á  P  I  Y  M  U
L  R  G  A  T  Ử  Đ  I  N  H  H  Ư  Ơ  N  G
D  G  A  O  H  H  N  Á  C  D  D  Y  O  U  D
U  M  I  H  H  O  A  M  Ẫ  U  Đ  Ơ  N  D  H
D  R  I  B  Ồ  C  Ô  N  G  A  N  H  Y  V  K
V  D  K  K  P  G  L  M  A  G  N  O  L  I  A
```

BÓ HOA	MAGNOLIA
CỎ BA LÁ	PHONG LAN
DAISY	HOA MẪU ĐƠN
BỒ CÔNG ANH	CÁNH HOA
GARDENIA	PLUMERIA
DÂM BỤT	POPPY
JASMINE	HOA HỒNG
HOA OẢI HƯƠNG	HƯỚNG DƯƠNG
TỬ ĐINH HƯƠNG	LỜI KHUYÊN
HOA LOA KÈN	

44 - Health and Wellness #1

```
Q T Ú R I V L T A K D T D A G
N K H Q B U Q G M Í Â V U O U
G N Ơ Ư H T N Ấ H C Y O U U D
N Ẩ Đ G G V C Ố U H T M Ẽ I T
Ơ U I P M I O V T T H L I M T
Ư H Ề Ẳ H N Ã B L H Ầ Y L T H
X K U B Q Ả G N L Í N Q Ị M U
Y I T Ơ Q Q N Q V C K C R D Ố
Ã V R C Q H Ơ X O H I N T B C
G C Ị V Đ T Ư R Ạ T N Y M Á L
D H D D Ó U X T U Ố H T A C Q
Y O O R I T H Ó I Q U E N S Q
V B V T U H O Ạ T Đ Ộ N G Ĩ N
C H I Ề U C A O Y P M H K Q M
B H C B U K N V G V I P I K K
```

HOẠT ĐỘNG	THUỐC
VI KHUẨN	CƠ BẮP
XƯƠNG	DÂY THẦN KINH
BÁC SĨ	TIỆM THUỐC
GÃY XƯƠNG	PHẢN XẠ
THÓI QUEN	THƯ GIÃN
CHIỀU CAO	DA
KÍCH THÍCH TỐ	TRỊ LIỆU
ĐÓI	ĐIỀU TRỊ
CHẤN THƯƠNG	VI RÚT

45 - Antarctica

```
T  V  G  Y  A  N  K  O  I  B  K  M  N  O  B
I  U  M  O  B  H  N  Ì  H  A  Ị  Đ  A  B  Ả
Ý  T  V  U  D  N  H  G  O  A  B  Ả  N  Á  O
L  Ụ  C  K  G  Q  M  M  Q  C  L  O  Y  N  T
A  C  Ớ  Ư  N  Ả  S  G  N  Á  O  H  K  Đ  Ồ
Ị  H  V  G  Ă  D  K  K  G  A  V  M  C  Ẩ  N
Đ  N  O  C  B  I  D  H  U  H  N  Q  O  O  S
N  Á  D  L  V  C  V  A  O  O  Y  U  R  T  Ô
Ô  C  M  L  R  Ư  C  I  Q  A  M  A  D  N  N
M  M  I  M  K  G  B  K  K  C  H  M  D  H  G
C  I  H  N  Â  A  Q  Y  M  G  L  Ọ  Q  I  B
Á  H  C  C  D  Y  V  Ị  N  H  C  D  C  Ễ  Ă
V  C  M  Ô  I  T  R  Ư  Ờ  N  G  B  T  T  N
O  G  D  H  O  A  P  L  Ụ  C  Đ  Ị  A  Đ  G
I  K  N  R  B  K  H  H  D  K  K  G  M  Ộ  G
```

VỊNH	DI CƯ
CHIM	KHOÁNG SẢN
ĐÁM MÂY	CHIM CÁNH CỤT
BẢO TỒN	BÁN ĐẢO
LỤC ĐỊA	ROCKY
MÔI TRƯỜNG	KHOA HỌC
MÔN ĐỊA LÝ	NHIỆT ĐỘ
SÔNG BĂNG	ĐỊA HÌNH
BĂNG	NƯỚC
ĐẢO	CÁ VOI

46 - Fashion

```
H  C  L  Y  Q  L  T  H  R  R  L  R  Q  N  A
H  C  Á  C  G  N  O  H  P  C  B  E  A  G  K
C  C  N  T  H  O  Ả  I  M  Á  I  N  K  H  H
Ử  G  Ị  V  P  I  C  D  N  Y  N  G  H  Ề  I
A  Ố  O  L  O  Ạ  H  L  Ế  A  V  B  L  T  Ê
H  C  V  N  H  Đ  B  I  T  Ắ  Đ  R  V  H  M
À  G  I  Đ  G  N  Ă  H  C  I  Ả  H  P  Ê  T
N  N  L  D  O  Ẽ  A  T  Ự  T  O  K  T  U  Ố
G  Ớ  C  G  U  I  I  H  H  L  N  C  T  Ẫ  N
D  Ư  D  D  V  H  K  Ế  T  C  Ấ  U  V  M  Ả
H  H  Y  R  D  P  M  T  V  Ú  O  V  Ả  I  I
Q  U  Ầ  N  Á  O  H  G  C  A  N  O  I  I  G
D  X  H  T  U  Q  D  D  T  R  Q  K  R  I  I
I  Q  B  D  U  U  C  Q  C  D  Y  P  H  B  Ố
D  K  N  M  M  N  B  Q  D  V  O  O  N  V  T
```

PHẢI CHĂNG	ĐO
CỬA HÀNG	TỐI GIẢN
NÚT	HIỆN ĐẠI
QUẦN ÁO	KHIÊM TỐN
THOẢI MÁI	GỐC
THANH LỊCH	MẪU
NGHỀ THÊU	THỰC TẾ
ĐẮT	PHONG CÁCH
VẢI	KẾT CẤU
REN	XU HƯỚNG

47 - Human Body

```
B  H  L  U  U  P  U  A  L  O  G  U  M  B  U
I  L  U  O  T  H  D  L  B  V  Y  C  A  G  A
R  U  D  N  P  Y  A  T  U  Ủ  U  H  K  M  U
G  A  L  B  P  B  A  T  A  I  D  Q  Q  I  L
C  Y  O  K  O  V  M  T  M  Ắ  C  T  A  Y  Q
M  Y  Q  L  H  C  H  Â  N  Ũ  U  D  U  A  B
L  A  T  A  À  Đ  N  Y  I  Ó  I  D  I  R  T
O  P  D  V  M  Ầ  I  L  K  C  G  D  Á  P  X
K  T  P  Y  Q  U  Ằ  Đ  V  G  T  N  C  O  Ư
Q  C  P  O  C  G  N  M  A  T  H  L  T  Ổ  Ơ
B  L  N  N  P  Ố  K  N  M  N  Y  G  Ắ  C  N
O  A  T  Ặ  M  I  Ố  Đ  D  N  L  G  M  Y  G
N  M  N  T  V  V  A  I  A  R  R  P  N  A  I
M  Á  U  I  I  T  A  R  C  T  N  A  Y  B  H
Ó  C  K  M  M  I  Ệ  N  G  R  Y  Q  T  D  H
```

MẮT CÁ	ĐẦU
MÁU	TIM
XƯƠNG	HÀM
ÓC	ĐẦU GỐI
CẰM	CHÂN
TAI	MIỆNG
KHUỶU TAY	CỔ
ĐỐI MẶT	MŨI
NGÓN TAY	VAI
TAY	DA

48 - Musical Instruments

```
Q  P  L  I  Õ  G  I  B  Q  P  L  Đ  C  M  Y
H  O  B  C  Ạ  H  N  N  À  D  Y  À  L  I  M
T  R  Ố  N  G  G  M  Ê  B  D  M  N  A  N  H
M  V  B  D  N  N  Đ  Ù  I  C  V  G  R  M  K
T  A  G  A  B  O  P  O  A  H  P  H  I  U  T
I  G  C  N  S  A  V  V  L  K  C  I  N  È  K
T  G  L  L  L  S  L  V  S  T  E  E  A  Q
R  D  B  Ụ  M  D  U  U  Q  Á  N  A  T  Y  B
O  D  G  C  Đ  À  N  H  Ạ  C  O  B  M  G  Y
M  P  A  L  C  E  L  L  O  O  H  M  U  T  M
B  U  R  Ạ  C  H  U  Ô  N  G  P  I  U  L  Y
O  M  Ầ  C  G  N  Ơ  Ư  D  P  O  R  G  I  N
N  U  O  Y  O  T  H  N  N  M  X  A  Y  L  M
E  C  T  P  N  I  L  O  D  N  A  M  R  M  G
Đ  À  N  V  I  Ô  L  Ô  N  G  S  C  D  P  V
```

BASS	ĐÀN HẠC
DÀN NHẠC	MANDOLIN
CELLO	MARIMBA
CHUÔNG	GỖ
CLARINET	DƯƠNG CẦM
TRỐNG	SAXOPHONE
ĐÙI	LỤC LẠC
SÁO	TROMBONE
CHIÊNG	KÈN
ĐÀN GHI TA	ĐÀN VI Ô LÔNG

49 - Fruit

```
Q D R H N A H C Đ U Đ Ủ D Q Y
U P C C Ì U O I Q K P A T Ư M
Ả R L G G N Ọ M Ả U Q B L C A
K D Ê R C G H I U U N C Q M Ừ
I Ổ Q U Ả A N H Đ À O N G D D
W D K C C N L K Y O Á P G H Q
I Ố U H C O R Q T À T R L G L
Q H H B L I D B M Đ A K V C V
H U R A O Y K Q D N A K H G I
I N Ả N N U B Q Ơ Â V D Ứ A D
I Ô X M Â M B D B U L O P I Q
T T R L Ơ T R Á I X O À I B R
O H T O K N G P Á Y H Đ G U B
I Q C U N V Y Y R Â N C H G L
O I H H H L L O T C R K O R T
```

TÁO	QUẢ KIWI
QUẢ MƠ	CHANH
TRÁI BƠ	TRÁI XOÀI
CHUỐI	DƯA
QUẢ MỌNG	CÂY XUÂN ĐÀO
QUẢ ANH ĐÀO	ĐU ĐỦ
DỪA	ĐÀO
HÌNH	LÊ
NHO	DỨA
ỔI	MÂM XÔI

50 - Virtues #1

```
A  D  H  K  Q  Ả  R  Ộ  N  G  L  Ư  Ợ  N  G
P  Ọ  N  I  M  U  K  H  Ô  N  N  G  O  A  N
V  N  I  Ê  L  Q  Y  Y  M  N  R  B  C  I  A
L  D  M  N  V  U  P  Ế  T  C  Ự  H  T  P  Q
L  Ẹ  G  N  I  Ễ  B  P  N  Q  C  K  V  V  K
N  P  N  H  L  I  G  N  N  R  Y  Y  L  M  V
Ố  G  Ô  Ẫ  Ò  H  D  D  B  D  Ũ  C  L  O  G
T  Đ  H  N  M  Y  Ậ  C  N  I  T  G  N  Á  Đ
M  A  T  Ệ  Ò  U  Y  T  L  N  P  Ố  R  D  B
Ê  M  U  Y  T  P  H  T  O  M  P  K  T  T  U
I  M  O  K  P  H  N  Ị  Đ  T  Ế  Y  U  Q  Q
H  Ê  C  G  O  G  U  Y  B  R  N  P  H  Q  L
K  I  A  K  M  D  P  Ậ  L  C  Ộ  Đ  I  G  R
B  U  Ồ  N  C  Ư  Ờ  I  T  H  Ữ  U  Í  C  H
B  T  Ư  Ở  N  G  T  Ư  Ợ  N  G  I  U  L  B
```

NGHỆ THUẬT   TƯỞNG TƯỢNG
QUYẾN RŨ   ĐỘC LẬP
DỌN DẸP   THÔNG MINH
TÒ MÒ   KHIÊM TỐN
QUYẾT ĐỊNH   ĐAM MÊ
HIỆU QUẢ   KIÊN NHẪN
BUỒN CƯỜI   THỰC TẾ
RỘNG LƯỢNG   ĐÁNG TIN CẬY
TỐT   KHÔN NGOAN
HỮU ÍCH

51 - Engineering

Đ	Q	K	I	Y	Đ	O	T	M	M	D	C	Ó	G	Đ
P	Ộ	G	O	Q	Ò	L	N	Á	R	V	H	A	N	Ư
H	M	S	Q	B	N	O	K	Y	K	G	Ấ	A	Ự	Ờ
Â	I	V	Â	R	B	P	N	U	U	Q	T	D	D	N
N	U	C	G	U	Ẩ	O	I	V	R	T	L	Y	Y	G
P	D	D	P	R	Y	C	G	L	L	N	Ỏ	B	Â	K
H	P	I	H	I	Ẩ	B	G	L	K	I	N	D	X	Í
Ố	K	V	L	K	Đ	Á	H	P	V	T	G	R	B	N
I	Y	R	C	C	Y	N	Á	O	T	H	N	Í	T	H
U	B	K	Y	H	Ụ	H	N	Ị	Đ	N	Ổ	M	T	N
K	Ế	T	C	Ấ	U	R	K	M	P	Ạ	O	M	K	A
D	I	E	S	E	L	Ă	T	Q	S	M	R	Y	T	L
L	M	O	G	A	K	N	L	O	Ơ	C	G	N	Ộ	Đ
C	Y	C	C	V	K	G	K	D	Đ	Ứ	D	B	I	T
N	Ă	N	G	L	Ư	Ợ	N	G	Ồ	S	V	C	O	M

GÓC
TRỤC
TÍNH TOÁN
XÂY DỰNG
ĐỘ SÂU
SƠ ĐỒ
ĐƯỜNG KÍNH
DIESEL
PHÂN PHỐI
NĂNG LƯỢNG

BÁNH RĂNG
ĐÒN BẨY
CHẤT LỎNG
MÁY
ĐO
ĐỘNG CƠ
ĐẨY
ỔN ĐỊNH
SỨC MẠNH
KẾT CẤU

52 - Government

```
B  Đ  T  G  L  M  G  D  H  N  Ì  B  A  Ò  H
Ì  D  Ộ  Ự  M  N  T  M  K  T  P  U  I  R  I
N  Â  V  C  D  D  Q  U  I  Q  R  T  H  C  Ế
H  N  K  B  L  O  O  Q  U  Ố  C  G  I  A  N
Đ  C  O  N  Q  Ậ  B  A  Y  Y  D  A  Y  H  P
Ẩ  H  B  R  H  O  P  I  Đ  A  Ự  K  A  C  H
N  Ủ  Q  U  Ố  C  T  Ị  C  H  S  V  R  L  Á
G  T  C  Ể  N  C  Ậ  C  P  Q  N  Ậ  U  Q  P
H  I  H  I  A  K  U  M  Y  G  Â  Ã  L  O  Q
R  Ể  Í  B  A  G  L  Q  D  V  D  K  L  U  O
V  U  N  T  T  H  Ả  O  L  U  Ậ  N  U  R  U
V  B  H  Á  S  Ự  C  Ô  N  G  B  Ằ  N  G  V
N  A  T  H  M  O  N  U  M  E  N  T  H  Y  C
I  N  R  P  Á  H  P  Ư  T  H  L  R  O  Q  D
H  G  Ị  R  B  A  B  I  Ể  U  T  Ư  Ợ  N  G
```

QUỐC TỊCH	LUẬT
DÂN SỰ	LÃNH ĐẠO
HIẾN PHÁP	TỰ DO
DÂN CHỦ	MONUMENT
THẢO LUẬN	QUỐC GIA
QUẬN	HÒA BÌNH
BÌNH ĐẲNG	CHÍNH TRỊ
ĐỘC LẬP	PHÁT BIỂU
TƯ PHÁP	TIỂU BANG
SỰ CÔNG BẰNG	BIỂU TƯỢNG

53 - Art Supplies

```
M  G  P  H  D  L  H  V  A  B  L  L  U  H  M
Á  B  À  N  C  H  Ả  I  P  Ú  O  A  C  H  D
Y  Ẩ  T  Ơ  T  M  T  O  A  T  I  T  G  Ự  Y
Ả  K  Y  S  B  M  G  I  C  C  Ắ  S  U  À  M
N  S  G  K  N  V  K  N  A  H  T  N  Ư  Ớ  C
H  V  Á  B  B  C  K  À  U  Ì  R  V  D  R  I
O  B  O  N  N  O  A  B  G  I  Ấ  Y  Ầ  I  L
E  N  O  V  G  N  Ở  Ư  T  Ý  L  I  U  O  Y
T  A  Y  Q  C  T  M  U  Đ  O  L  V  V  I  R
C  K  S  L  I  D  Ạ  M  Ấ  Y  B  L  K  R  C
N  L  N  E  G  H  Ế  O  T  T  L  A  H  I  A
V  Y  O  K  L  U  A  E  S  C  N  N  P  U  D
M  À  U  N  Ư  Ớ  C  K  É  K  T  V  P  U  N
H  R  B  L  Y  D  U  D  T  B  M  O  N  P  G
V  T  H  K  G  Q  O  V  I  N  D  P  T  D  P
```

ACRYLIC	KEO
BÀN CHẢI	Ý TƯỞNG
MÁY ẢNH	MỰC
GHẾ	DẦU
THAN	SƠN
ĐẤT SÉT	GIẤY
MÀU SẮC	BÚT CHÌ
SÁNG TẠO	BÀN
EASEL	NƯỚC
TẨY	MÀU NƯỚC

54 - Science Fiction

```
V  M  K  X  H  I  Ờ  V  T  Ệ  Y  U  T  Q  G
Y  R  T  A  Ó  V  N  A  G  H  I  L  A  K  H
H  V  H  X  A  Q  B  Q  U  Q  I  Á  H  N  U
K  C  D  Ô  C  C  U  A  P  Ệ  T  Ê  K  H  D
H  Y  Q  I  H  Á  V  A  D  H  Ư  Ở  N  G  B
E  R  G  H  Ấ  I  L  T  V  G  Ơ  T  Ẩ  H  D
L  Ử  A  Y  T  G  Y  H  O  N  N  N  Í  H  À
C  D  Y  S  T  O  P  I  A  G  G  Ê  B  À  T
A  M  P  R  Y  Ả  H  S  L  N  L  Y  R  N  H
R  O  R  H  M  Y  B  I  Á  Ô  A  U  P  H  Ế
O  D  U  O  I  A  G  D  H  C  I  G  V  T  G
M  Y  Y  R  L  H  V  P  P  Ự  H  N  I  I  I
L  Y  L  Q  Y  Y  I  L  A  C  L  O  Ổ  N  Ớ
M  M  G  U  T  O  P  I  A  G  A  N  P  H  I
K  G  A  V  T  Ư  Ở  N  G  T  Ư  Ợ  N  G  P
```

NGUYÊN TỬ	TƯƠNG LAI
SÁCH	THIÊN HÀ
HÓA CHẤT	ẢO GIÁC
NHÁI	TƯỞNG TƯỢNG
XA XÔI	BÍ ẨN
DYSTOPIA	ORACLE
NỔ	HÀNH TINH
CỰC	CÔNG NGHỆ
TUYỆT VỜI	UTOPIA
LỬA	THẾ GIỚI

55 - Geometry

```
S O N G S O N G N Ứ X I Ố Đ Q
Y T C Q L T Í N H T O Á N K M
D C Ớ K T M L O I C U D T R D
P H Ư Ơ N G T R Ì N H K Q N G
I U H M R H C A P D H S K Ò H
N K T A U L R B T T U Ố V R Ợ
G V H Y R H N Ì B G N U R T P
A K C Ú N I Ọ C O B A D I G L
N Q Í P C U T C B Ề M Ặ T N Ý
G T K Q D H B C T V L V V Ò B
Đ Ư Ờ N G C O N G H Y R I V G
V Q M V K T Ó O A C U Ề I H C
P G U Q C Á I G M A T Y D T Y
K H Ố I L Ư Ợ N G C H P Ế B T
T Ỷ L Ệ Đ Ư Ờ N G K Í N H T G
```

GÓC	KHỐI LƯỢNG
TÍNH TOÁN	TRUNG BÌNH
VÒNG TRÒN	SỐ
ĐƯỜNG CONG	SONG SONG
ĐƯỜNG KÍNH	TỶ LỆ
KÍCH THƯỚC	KHÚC
PHƯƠNG TRÌNH	BỀ MẶT
CHIỀU CAO	ĐỐI XỨNG
NGANG	HỌC THUYẾT
HỢP LÝ	TAM GIÁC

56 - Creativity

```
K  T  D  Q  R  Q  O  C  O  Ạ  T  G  N  Á  S
Ị  C  Ư  Ờ  N  G  Đ  Ộ  K  Y  R  N  G  V  T
C  U  H  V  T  L  I  R  D  O  Ự  Ợ  L  H  H
H  V  Q  N  T  C  I  A  G  Ý  C  Ư  M  B  A
N  B  I  Ể  U  H  I  Ệ  N  T  G  T  U  D  Y
Ả  Y  R  H  A  R  T  V  R  Ư  I  N  L  L  Đ
N  G  H  Ệ  T  H  U  Ậ  T  Ở  Á  Ấ  Ỏ  N  Ổ
I  L  D  M  O  D  L  D  R  N  C  U  C  L  I
O  T  N  Q  N  P  K  A  P  G  B  L  Ả  C  S
P  Y  Ì  Q  C  L  B  Ỹ  L  V  H  V  M  Ả  Ứ
C  Ự  H  T  C  Á  X  H  N  Í  T  K  H  M  C
G  R  N  R  Õ  R  À  N  G  Ă  Q  A  Ứ  X  S
C  Ả  M  G  I  Á  C  D  I  K  N  O  N  Ú  Ố
B  I  Ầ  T  Ự  P  H  Á  T  B  Q  G  G  C  N
T  G  T  P  G  H  L  U  M  B  L  Q  D  C  G
```

NGHỆ THUẬT
TÍNH XÁC THỰC
THAY ĐỔI
RÕ RÀNG
KỊCH
CẢM XÚC
BIỂU HIỆN
LỎNG
Ý TƯỞNG
ẢNH

ẤN TƯỢNG
CẢM HỨNG
CƯỜNG ĐỘ
TRỰC GIÁC
SÁNG TẠO
CẢM GIÁC
KỸ NĂNG
TỰ PHÁT
TẦM NHÌN
SỨC SỐNG

57 - Airplanes

```
H  R  Í  H  K  G  N  Ô  H  K  D  C  N  K  B
N  Y  V  I  Ạ  V  Q  O  O  H  Q  H  A  V  Ó
H  N  D  Ờ  N  X  Y  Ế  K  T  Ế  I  H  T  N
I  Ạ  O  R  À  T  U  T  I  C  H  Ề  M  N  G
Ê  O  P  T  O  V  U  Ố  G  D  Ư  U  P  V  O
N  L  K  U  Đ  L  B  G  N  H  Ớ  C  V  K  A
L  U  O  Ầ  H  P  D  Y  Ó  G  N  A  A  K  C
I  Ễ  Q  B  N  X  R  U  H  R  G  O  L  I  Ộ
Ệ  I  O  Q  À  P  Â  I  P  K  M  K  Y  Q  Đ
U  H  K  T  H  L  D  Y  L  Ị  C  H  S  Ử  Ộ
G  N  Ô  C  I  H  P  D  D  Q  K  R  M  D  N
T  Ạ  U  Q  H  N  Á  C  Q  Ự  N  T  P  N  G
R  N  L  D  P  R  D  M  G  Y  N  C  D  L  C
Đ  Ổ  B  Ộ  V  G  G  P  K  B  K  G  U  D  Ơ
T  T  O  K  I  H  H  À  N  H  K  H  Á  C  H
```

ĐỘ CAO	CHIỀU CAO
KHÔNG KHÍ	LỊCH SỬ
BÓNG	HYDRO
XÂY DỰNG	ĐỔ BỘ
PHI HÀNH ĐOÀN	PHÓNG
HẠ XUỐNG	HÀNH KHÁCH
THIẾT KẾ	PHI CÔNG
HƯỚNG	CÁNH QUẠT
ĐỘNG CƠ	BẦU TRỜI
NHIÊN LIỆU	NHIỄU LOẠN

58 - Ocean

```
V K M I T B I R L V I A K B H
H L R T R M Ã Q V M P L A T À
I G O I Ả I G O E H Á C I T U
I D N V L C N P T I I S Ứ A A
O C G D Ạ V Á O M Á H U B U U
Y Ộ B Q I U G N C D P Ậ M Á C
K U I O Q Ề K D G R Y G H Q R
N T Ể M M I Ố U M Ừ D T A D L
Ô H N A S R P Y A T B A R C D
U C Á B Ọ T B I Ể N Ả B Ù B K
L Ạ I H T Y M O Q B V O A B O
Ư B H U P Ủ D V L L N B G Q I
Ơ T T Ô M H N Á U R A L M N G
N Q A N K T U C K M H Q R H K
T B L M O O O T T O M B C R G
```

TẢO	MUỐI
SAN HÔ	RONG BIỂN
CUA	CÁ MẬP
CÁ HEO	TÔM
LƯƠN	BỌT BIỂN
CÁ	BÃO TÁP
SỨA	THỦY TRIỀU
BẠCH TUỘC	CÁ NGỪ
HÀU	RÙA
TRẢ LẠI	CÁ VOI

59 - Force and Gravity

```
N  M  P  H  A  P  U  U  V  K  C  I  Q  I  T
M  A  S  Á  T  V  U  H  H  N  Â  R  U  T  H
D  D  D  V  U  P  Y  K  N  G  N  G  Ỹ  R  Ờ
L  D  T  G  R  U  K  K  N  Í  N  À  Đ  U  I
Ý  I  Q  H  N  Ổ  H  P  M  H  Ặ  N  Ạ  N  G
L  U  C  O  G  C  O  T  G  K  N  M  O  G  I
T  Ừ  T  Í  N  H  Ả  Ấ  Ố  Ơ  G  N  R  T  A
Ậ  N  K  G  Ộ  P  N  H  O  C  Ộ  G  U  Â  N
V  A  H  Q  Đ  O  G  C  M  Ụ  Đ  N  L  M  C
C  Y  Á  B  G  S  C  H  M  R  G  Ộ  N  G  Q
K  P  M  B  N  Ứ  Á  N  R  T  N  R  B  V  I
R  Q  P  U  Ă  C  C  Í  A  N  Ờ  Ở  Q  Y  H
C  U  H  P  N  É  H  T  R  C  Ư  M  Q  L  N
M  L  Á  M  P  P  H  C  P  Q  C  P  O  G  A
M  B  A  K  G  C  Ử  Đ  Ộ  N  G  L  N  P  R
```

TRỤC	ĐÀ
TRUNG TÂM	CỬ ĐỘNG
KHÁM PHÁ	QUỸ ĐẠO
KHOẢNG CÁCH	VẬT LÝ
NĂNG ĐỘNG	SỨC ÉP
MỞ RỘNG	TÍNH CHẤT
MA SÁT	TỐC ĐỘ
TỪ TÍNH	THỜI GIAN
CƯỜNG ĐỘ	PHỔ
CƠ KHÍ	CÂN NẶNG

60 - Birds

```
R U U U K G L U C M I H C C P
T L U Y O L T T H L R R N O R
Q U I C K M Y T I U N I G N K
K B M O H N K C M T T I Õ V H
B D G N Ô N Ồ B S C U U N Ẹ D
R G V Q Đ B R B Ẻ N Ễ P G T A
V Ị T U Ạ O O F L A M I N G O
G V T Ạ I O L L T T O G D B V
Y V M G B C Ô N G Y R A N A C
C Y Q A À L Y D T B M Ứ V D T
T A K K N G T R O U Q M N R O
O V K M G Đ À Đ I Ể U Ê Y G U
H A C Q M T A G N N Ê I H T C
C H I M C Á N H C Ụ T C Ò I A
G P Q R T K I R D H Y H G B N
```

CANARY	DIỆC
GÀ	ĐÀ ĐIỂU
CON QUẠ	CON VẸT
CHIM CU	CÔNG
YÊU	BỒ NÔNG
VỊT	CHIM CÁNH CỤT
ĐẠI BÀNG	CHIM SẺ
TRỨNG	CÒ
FLAMINGO	THIÊN NGA
NGỖNG	TOUCAN

61 - Nutrition

```
M  R  D  G  T  C  M  P  Y  P  L  Y  L  R  D
T  M  U  O  I  Â  A  R  O  G  R  D  Ê  P  O
L  G  M  C  Ê  N  B  O  V  Q  A  A  N  B  T
C  A  T  G  U  N  D  T  G  I  E  R  M  V  K
H  A  R  N  H  Ặ  O  E  N  T  Ỏ  Y  E  V  U
I  Ư  R  Ằ  Ó  N  C  I  K  U  H  G  N  I  T
T  P  Ơ  B  A  G  G  N  Ê  I  K  N  Ă  T  H
Ố  C  M  N  O  G  N  V  C  D  C  Ợ  U  A  Ó
X  P  O  Â  G  H  Đ  Ắ  N  G  Ứ  Ư  Ă  M  I
C  G  G  C  B  V  Y  O  U  H  S  L  N  I  Q
Ớ  A  H  K  R  C  Ị  D  U  L  P  T  Đ  N  U
Ư  A  L  C  I  Q  I  O  R  I  D  Ấ  Ư  G  E
N  M  I  O  C  Y  I  D  G  A  P  H  Ợ  H  N
Đ  Ộ  C  T  Ố  B  U  M  M  G  T  C  C  B  H
C  H  Ấ  T  L  Ỏ  N  G  L  O  P  E  H  O  Q
```

NGON	THÓI QUEN
CÂN BẰNG	SỨC KHỎE
ĐẮNG	CHẤT LỎNG
CALO	PROTEIN
CARBOHYDRATE	CHẤT LƯỢNG
ĂN KIÊNG	NƯỚC XÓT
TIÊU HÓA	ĐỘC TỐ
ĂN ĐƯỢC	VITAMIN
LÊN MEN	CÂN NẶNG
HƯƠNG VỊ	

62 - Hiking

```
G  G  T  S  N  I  C  C  R  I  A  C  H  N  C
N  Ư  Ớ  C  Cự À  Đ  H  C  Á  V  Ắ  Đ  L  Ô
Ố  N  T  O  H  Đ  P  I  Ỗ  U  M  M  Ộ  L  N
Y  M  Ặ  A  H  T  Ị  Ú  G  Ậ  N  T  N  H  G
À  Ặ  U  N  Y  Ị  M  N  Y  H  Q  R  G  M  V
I  T  Ệ  M  G  B  A  A  H  Í  I  Ạ  V  Ể  I
G  T  O  L  H  N  Ả  Y  V  H  A  I  Ậ  I  Ê
G  R  H  B  Y  Ẩ  A  N  I  K  Ư  A  T  H  N
C  Ờ  U  L  Q  U  N  Ẽ  Đ  I  D  Ớ  G  Y  N
P  I  N  O  O  H  V  D  K  Ồ  Y  M  N  U  R
V  H  U  O  H  C  O  G  T  R  H  R  A  G  C
G  R  D  N  Ê  I  H  N  N  Ê  I  H  T  N  N
G  R  B  Y  A  R  H  Ớ  G  Y  D  A  P  I  U
N  D  O  M  K  N  R  Ư  C  G  U  U  P  Ố  D
H  O  A  N  G  D  Ã  H  I  M  I  Y  L  M  A
```

ĐỘNG VẬT	NÚI
GIÀY ỐNG	THIÊN NHIÊN
CẮM TRẠI	SỰ ĐỊNH HƯỚNG
VÁCH ĐÁ	CÔNG VIÊN
KHÍ HẬU	CHUẨN BỊ
HƯỚNG DẪN	ĐÁ
MỐI NGUY HIỂM	MẶT TRỜI
NẶNG	MỆT
BẢN ĐỒ	NƯỚC
MUỖI	HOANG DÃ

63 - Professions #1

```
O  N  A  I  P  Ĩ  S  Ệ  H  G  N  T  N  A  P
B  T  Ổ  N  B  L  A  V  G  H  H  Q  H  N  L
Á  K  H  L  H  H  N  M  T  U  À  D  À  T  U
C  I  U  Ủ  T  O  V  B  L  C  Đ  Ư  K  G  M
S  P  Ứ  G  Y  T  D  C  Ự  N  Ị  Ợ  H  D  B
Ĩ  C  C  Q  A  T  I  Y  C  H  A  C  O  L  E
T  C  H  K  M  N  H  P  S  Ạ  C  S  A  U  R
H  K  N  K  Ợ  O  A  Ủ  Ĩ  C  H  Ĩ  H  Ậ  Đ
Ú  A  Í  O  H  N  C  R  Q  S  Ấ  B  Ọ  T  Ạ
Y  C  L  H  T  V  H  D  T  Ĩ  T  U  C  S  I
J  E  W  E  L  E  R  H  H  R  U  B  Q  Ư  S
V  Ũ  C  Ô  N  G  Y  Y  Ợ  B  Á  C  S  Ĩ  Ứ
N  P  B  R  O  U  G  T  S  H  L  M  C  Q  L
Q  A  P  N  O  V  P  Á  Ă  N  O  Q  B  B  Y
L  R  G  O  L  T  U  G  N  À  H  N  Â  G  N
```

ĐẠI SỨ	NHẠC SĨ
LỰC SĨ	Y TÁ
LUẬT SƯ	DƯỢC SĨ
NGÂN HÀNG	NGHỆ SĨ PIANO
VŨ CÔNG	PLUMBER
BÁC SĨ	THỦY THỦ
LÍNH CỨU HỎA	NHÀ KHOA HỌC
NHÀ ĐỊA CHẤT	THỢ MAY
THỢ SĂN	BÁC SĨ THÚ Y
JEWELER	

64 - Barbecues

```
M  Y  S  D  A  L  A  S  C  À  C  H  U  A  R
P  U  H  A  A  H  I  Q  Ạ  K  G  N  Ó  N  Q
R  K  Ố  O  D  G  Ố  Q  H  P  G  Ì  N  C  T
Y  Â  C  I  Á  R  T  T  N  L  N  Đ  T  R  Ố
Q  T  D  Ó  I  N  A  G  M  H  U  A  R  G  X
N  V  R  Đ  C  I  Ữ  H  Â  V  Q  I  Ẻ  Y  C
M  O  A  H  L  C  B  M  Q  L  I  G  E  H  Ớ
H  M  Q  H  P  B  K  I  D  G  M  A  M  D  Ư
I  B  I  G  P  R  Ạ  Y  K  P  L  G  M  D  N
V  R  Ơ  R  C  P  R  N  I  U  D  H  N  A  Ư
L  M  H  I  Y  U  P  D  B  U  K  M  M  C  Ớ
R  R  C  Q  O  T  V  M  A  È  H  A  Ù  M  N
H  G  Ò  I  K  O  T  P  P  Y  C  Q  I  U  G
F  O  R  K  S  R  G  H  I  U  C  A  I  D  G
C  H  T  T  H  Ứ  C  Ă  N  T  P  I  I  M  I
```

GÀ	NÓNG
TRẺ EM	ĐÓI
BỮA TỐI	DAO
GIA ĐÌNH	ÂM NHẠC
THỨC ĂN	SALADS
FORKS	MUỐI
BẠN BÈ	NƯỚC XỐT
TRÁI CÂY	MÙA HÈ
TRÒ CHƠI	CÀ CHUA
NƯỚNG	RAU

65 - Chocolate

```
K  A  N  T  I  O  X  I  D  A  N  T  A  C  C
G  Ẹ  A  T  Q  U  B  Q  Q  Q  I  B  M  Ô  A
Y  Q  O  V  O  V  Ị  N  V  T  Y  L  Y  N  C
G  H  O  V  D  Q  C  A  R  A  M  E  L  G  A
C  A  L  O  A  R  K  T  D  Ừ  A  O  Q  T  O
L  L  I  V  D  O  T  Ộ  B  M  M  V  A  H  O
U  T  K  N  Ầ  H  P  H  N  À  H  T  G  Ứ  N
H  R  B  H  K  T  C  U  Ơ  O  K  Y  Q  C  Y
C  H  Ấ  T  L  Ư  Ợ  N  G  M  Q  Ỳ  N  U  Q
Í  V  G  Ọ  Y  C  Y  V  N  V  P  H  L  U  M
H  M  I  G  Y  U  I  C  Ắ  D  V  H  A  Ạ  O
T  V  P  N  M  T  R  L  Đ  N  Đ  Ư  Ờ  N  G
U  H  Ư  Ơ  N  G  V  Ị  D  G  N  R  N  O  P
Ê  Đ  Ậ  U  P  H  Ộ  N  G  O  K  C  N  N  M
Y  V  A  P  Q  Y  A  Q  O  N  T  M  K  V  G
```

ANTIOXIDANT	YÊU THÍCH
THƠM	HƯƠNG VỊ
ĐẮNG	THÀNH PHẦN
CACAO	ĐẬU PHỘNG
CALO	BỘT
KẸO	CHẤT LƯỢNG
CARAMEL	CÔNG THỨC
DỪA	ĐƯỜNG
NGON	NGỌT
KỲ LẠ	VỊ

66 - Vegetables

```
U  C  B  G  R  Q  D  P  V  G  L  R  Q  A  P
I  B  V  H  N  A  A  V  P  G  G  N  B  B  U
Ả  Q  K  R  Q  M  U  S  Ú  P  L  Ơ  T  Q  I
C  À  R  Ố  T  Q  I  B  O  C  Y  P  A  P  B
Ủ  O  A  G  I  V  L  Y  I  H  C  P  G  R  Ô
C  C  O  N  C  H  Ô  U  Ỏ  N  K  G  G  P  N
C  À  C  H  U  A  T  P  T  À  A  M  B  C  G
C  O  P  P  R  D  U  D  C  H  D  C  Ấ  Ầ  C
Y  À  A  T  I  S  Ô  D  H  T  Ư  Ủ  I  N  Ả
Y  Â  T  I  Ù  M  Y  G  T  V  A  H  L  T  I
Ô  G  N  Í  B  Ả  U  Q  L  N  C  Ẹ  U  Â  X
O  N  H  D  M  S  A  L  A  D  H  T  Y  Y  A
U  Ừ  D  Đ  Ậ  U  L  L  Y  B  U  G  T  N  N
V  G  B  U  U  C  I  T  M  M  Ộ  N  T  V  H
V  G  T  L  G  K  B  T  Q  A  T  O  C  A  H
```

ATISÔ
BÔNG CẢI XANH
CÀ RỐT
SÚP LƠ
CẦN TÂY
DƯA CHUỘT
CÀ TÍM
TỎI
GỪNG
NẤM

Ô LIU
HÀNH
MÙI TÂY
ĐẬU
QUẢ BÍ NGÔ
SALAD
CỦ HẸ
RAU BINA
CÀ CHUA
CỦ CẢI

67 - The Media

```
Q  U  Ả  N  G  C  Á  O  V  V  Q  H  Ý  K  G
T  R  Ự  C  T  U  Y  Ế  N  I  P  Q  K  Ỹ  I
Q  H  G  R  V  K  P  T  Â  Y  Q  O  I  T  Á
C  Ô  N  G  C  Ộ  N  G  H  B  B  A  Ế  H  O
H  Ì  N  H  Ả  N  H  C  N  Á  L  Á  N  U  D
C  I  B  Q  A  G  N  Ạ  Á  N  I  P  O  Ậ  Ụ
Q  B  R  U  D  V  T  L  C  M  Đ  Đ  R  T  C
Đ  Ị  A  P  H  Ư  Ơ  N  G  Ạ  À  Q  Ộ  S  K
M  I  P  I  H  V  D  Ê  R  N  I  G  M  Ố  I
R  P  B  Y  A  B  Y  I  S  G  N  Y  Q  G  N
N  L  A  T  H  K  Q  L  O  Ự  D  C  D  V  H
P  H  I  Ê  N  B  Ả  N  Ễ  U  T  Í  R  T  P
C  Ô  N  G  N  G  H  I  Ệ  P  O  H  M  R  H
D  A  I  O  G  R  H  P  A  H  G  D  Ậ  V  Í
T  H  Ư  Ơ  N  G  M  Ạ  I  A  A  I  G  T  R
```

QUẢNG CÁO   CÁ NHÂN
THÁI ĐỘ   CÔNG NGHIỆP
THƯƠNG MẠI   TRÍ TUỆ
LIÊN LẠC   ĐỊA PHƯƠNG
KỸ THUẬT SỐ   MẠNG
PHIÊN BẢN   BÁO
GIÁO DỤC   TRỰC TUYẾN
SỰ THẬT   Ý KIẾN
KINH PHÍ   CÔNG CỘNG
HÌNH ẢNH   ĐÀI

68 - Boats

```
C  P  Ủ  H  O  B  C  K  A  H  M  O  M  Q  R
B  Ộ  H  L  B  B  K  V  H  A  G  N  Ồ  U  X
G  L  T  D  A  P  Đ  Ộ  N  G  C  Ơ  U  C  I
I  Q  Y  B  H  H  N  O  Ể  N  D  O  B  V  C
B  Ủ  H  U  A  G  L  I  Ừ  U  P  N  B  D
C  L  H  Q  T  Ồ  P  L  B  H  T  H  Ề  G  N
Y  M  T  S  A  G  M  G  C  T  H  I  Y  A  Q
P  H  A  O  Ô  H  B  M  H  Y  U  H  U  M  Đ
H  D  M  V  H  N  È  D  R  Â  Y  À  H  P  Ạ
H  K  A  Y  A  K  G  G  O  D  Ề  N  T  U  I
G  U  V  Q  H  K  G  M  E  C  N  H  M  V  D
M  D  P  G  D  G  R  O  N  I  K  Đ  I  H  Ư
T  H  Ủ  Y  T  R  I  Ề  U  D  Y  O  L  M  Ơ
B  K  M  M  H  Ồ  H  Ả  I  L  Ý  À  O  I  N
L  H  V  B  A  G  G  N  D  V  L  N  L  D  G
```

NEO
PHAO
XUỒNG
PHI HÀNH ĐOÀN
DOCK
ĐỘNG CƠ
PHÀ
KAYAK
HỒ
CỘT BUỒM

HẢI LÝ
ĐẠI DƯƠNG
BÈ
SÔNG
DÂY THỪNG
THUYỀN BUỒM
THỦY THỦ
BIỂN
THỦY TRIỀU
DU THUYỀN

69 - Activities and Leisure

```
D  M  I  T  H  Ư  G  I  Ã  N  R  Q  N  L  R
B  U  Ộ  Y  K  M  A  V  M  O  T  C  G  À  Y
A  V  L  O  U  R  B  B  O  V  U  U  H  M  V
L  Q  I  Ị  B  C  V  R  A  N  N  O  Ễ  V  V
Q  A  Ơ  Á  C  Ứ  M  U  A  S  Ắ  M  T  Ư  G
K  U  B  Đ  K  H  C  Í  H  T  Ở  S  H  Ờ  C
A  O  Ầ  G  T  Y  D  T  Ổ  H  N  K  U  N  Ắ
H  Q  N  N  H  T  C  Ớ  R  N  L  V  Ậ  M  M
M  A  N  Ó  V  M  P  Ư  G  A  R  K  T  H  T
Q  G  Y  B  O  Ợ  P  L  N  N  N  N  D  P  R
G  O  L  F  O  Y  T  P  Ó  Ề  Ặ  H  L  Y  Ạ
B  Ó  N  G  C  H  À  Y  B  Y  L  B  D  M  I
T  V  Q  T  U  G  K  K  V  U  B  G  Q  H  T
C  Â  U  C  Á  V  I  U  T  Q  Y  K  G  R  N
B  Ó  N  G  C  H  U  Y  Ề  N  A  R  T  O  R
```

NGHỆ THUẬT	BỨC TRANH
BÓNG CHÀY	THƯ GIÃN
BÓNG RỔ	MUA SẮM
QUYỀN ANH	BÓNG ĐÁ
CẮM TRẠI	LƯỚT
LẶN	BƠI LỘI
CÂU CÁ	QUẦN VỢT
LÀM VƯỜN	DU LỊCH
GOLF	BÓNG CHUYỀN
SỞ THÍCH	

70 - Driving

```
Đ  T  A  I  N  Ạ  N  L  I  U  D  Y  U  Y  B
N  Ộ  B  I  Đ  A  D  Y  A  B  N  C  B  V  K
H  Đ  N  N  A  O  K  M  D  N  H  G  B  A  D
I  C  D  G  N  Ô  H  T  O  A  I  G  U  H  A
Ê  Ố  P  T  C  B  Ả  N  Đ  Ồ  R  C  A  D  P
N  T  É  O  A  Ơ  G  T  Q  E  A  A  C  V  L
L  P  H  A  N  H  A  Y  I  X  T  Y  G  X  C
I  Đ  P  B  T  T  D  U  P  I  C  G  T  E  A
Ễ  Ư  Y  P  H  Q  M  D  Y  Á  O  H  Á  T  N
U  Ờ  Ấ  X  E  M  Á  Y  P  L  P  K  S  Ả  T
V  N  I  T  Q  X  E  H  Ơ  I  P  R  H  I  O
R  G  G  Q  Y  I  U  P  Y  Ờ  M  V  N  Í  À
L  B  O  Q  T  O  N  Q  D  Ư  V  M  Ả  O  N
N  G  U  Y  H  I  Ể  M  Q  G  I  K  C  B  V
A  O  U  U  A  M  Ầ  H  G  N  Ờ  Ư  Đ  M  P
```

TAI NẠN	ĐỘNG CƠ
PHANH	XE MÁY
XE HƠI	ĐI BỘ
NGUY HIỂM	CẢNH SÁT
NGƯỜI LÁI XE	ĐƯỜNG
NHIÊN LIỆU	AN TOÀN
GA-RA	TỐC ĐỘ
KHÍ	GIAO THÔNG
GIẤY PHÉP	XE TẢI
BẢN ĐỒ	ĐƯỜNG HẦM

71 - Biology

```
Q G H Ể H T C Ắ S M Ễ I H N Y
U Q U Q B O T C P T U Ô N T B
A M C V K G R I A A H H R Y G
N N O O N R D M K H M P Y M I
G T I Ế N H Ó A O O H K U Â C
H P A G N Ô Đ Ủ G N T Đ U M C
Ợ B Ò S Á T I C G Ẩ E Ộ T Ã O
P U I I T B H R G U M T H M L
T Ự N H I Ê N P V H Y B Ẩ B L
V B U H N B I D D K Z I M Ễ A
B O R H P U K T K I N Ế T N G
P R O T E I N D Ế V E N H H E
Y K Q G G M Ẫ A P B A U Ấ B N
Y L D V T I H A I C À Q U K O
T H M P M Y T G B Y Q O M A Y
```

VI KHUẨN	ĐỘT BIẾN
TẾ BÀO	TỰ NHIÊN
NHIỄM SẮC THỂ	THẦN KINH
COLLAGEN	THẨM THẤU
PHÔI	MẦM BỆNH
ENZYME	QUANG HỢP
TIẾN HÓA	CÂY
NGỦ ĐÔNG	PROTEIN
HORMONE	BÒ SÁT

72 - Professions #2

```
N  U  P  Ữ  G  N  N  Ô  G  N  À  H  N  O  P
Ư  H  T  Ủ  H  T  H  T  U  O  V  L  V  A  H
N  N  I  C  G  A  V  À  G  I  Á  O  S  Ư  I
M  H  I  Ế  R  G  T  U  B  I  M  P  T  S  H
P  Y  À  O  P  T  M  L  P  Á  K  C  R  Ỹ  À
Y  C  O  X  L  Ả  T  T  K  P  O  D  I  K  N
G  I  A  M  U  G  N  Ô  C  I  H  P  Ế  T  H
Y  U  R  I  I  Ấ  Ử  H  T  A  P  O  T  N  G
N  H  A  S  Ĩ  U  T  G  G  G  L  H  G  Ô  I
K  M  Q  Y  L  H  M  B  M  I  K  U  I  N  A
B  C  G  B  G  A  Á  N  Ả  Y  A  O  A  G  U
D  T  V  Y  N  R  H  R  K  N  O  N  U  D  R
Y  A  I  G  Ị  R  T  H  N  Í  H  C  I  Â  I
H  Ọ  A  S  Ĩ  B  Á  C  S  Ĩ  R  R  C  N  K
N  H  À  H  Ó  A  H  Ọ  C  H  O  Ạ  N  M  A
```

PHI HÀNH GIA	NHÀ NGÔN NGỮ
NHÀ HÓA HỌC	HỌA SĨ
NHA SĨ	TRIẾT GIA
THÁM TỬ	NHIẾP ẢNH GIA
KỸ SƯ	BÁC SĨ
NÔNG DÂN	PHI CÔNG
HOẠ	CHÍNH TRỊ GIA
NHÀ BÁO	GIÁO SƯ
THỦ THƯ	NHÀ XUẤT BẢN

73 - Emotions

```
C  B  Ị  K  Í  C  H  T  H  Í  C  H  Q  N  D
C  Ả  Y  Q  U  C  R  T  C  O  S  B  H  H  Ị
H  T  M  V  I  L  Y  D  D  P  S  Y  A  N  U
Á  P  R  T  Ổ  V  D  U  Q  Q  I  Ợ  V  Ì  D
N  C  Y  B  H  N  I  V  G  N  L  S  D  B  À
N  V  M  O  U  Ô  H  N  Ồ  U  B  I  Ỗ  N  N
Ả  Q  D  A  Ấ  U  N  B  Ộ  I  H  Ỗ  T  Ê  G
N  K  T  C  X  R  T  G  T  I  C  N  U  Y  N
S  Ự  P  H  Ẫ  N  N  Ộ  H  U  D  Y  Ê  U  Ặ
T  Ố  T  G  N  Ò  L  M  Ư  V  A  U  D  R  L
N  R  L  D  A  M  Q  N  G  M  A  I  N  D  Q
T  K  I  A  A  P  V  A  I  Ề  G  P  U  G  Q
I  A  D  Â  R  A  M  M  Ã  I  B  A  Q  A  Q
P  M  G  Q  N  I  U  U  N  N  V  V  R  K  Q
H  À  I  L  Ò  N  G  H  Ò  A  B  Ì  N  H  D
```

SỰ PHẪN NỘ
BLISS
CHÁN NẢN
LẶNG
NỘI DUNG
XẤU HỔ
BỊ KÍCH THÍCH
NỖI SỢ
TRI ÂN
NIỀM VUI

LÒNG TỐT
YÊU
HÒA BÌNH
THƯ GIÃN
NỖI BUỒN
HÀI LÒNG
CẢM THÔNG
DỊU DÀNG
YÊN BÌNH

74 - Mythology

```
C D I M L K O Ạ T G N Á S T H
A Á G N O Y C N É H L I Y M À
D O C H L L Y G S Y Ả P T V N
G H L V S Ự B Ấ T T Ử M Ấ S H
H N K R Ị R V R U K O G H L V
E Ă B N Q T Ậ V H N I S R Ọ I
N V Q Q B T H C D C Q G A N A
Q U Á I V Ậ T Ầ B Q Ó I P N R
D M K N D D L C N Y L C Ù N M
L G N Ờ Ư Đ N Ê I H T B H H A
L C Q C N D P P T L G V T Ế G
Y R T G N U C Ê M L Y P Ả P T
A N H H Ù N G R Ề B A V R G C
I N L U V V T T I P C T T P P
N Q I V K U Ã M N Ê Y U G N U
```

NGUYÊN MẪU	ANH HÙNG
HÀNH VI	SỰ BẤT TỬ
NIỀM TIN	GHEN
SÁNG TẠO	MÊ CUNG
SINH VẬT	SÉT
VĂN HOÁ	QUÁI VẬT
CÁC VỊ THẦN	CÓ CHẾT
THẢM HỌA	TRẢ THÙ
THIÊN ĐƯỜNG	SẤM

75 - Agronomy

```
P  S  Ự  P  H  Á  T  T  R  I  Ể  N  H  B  P
K  H  N  D  R  A  U  I  A  N  C  H  Ạ  P  M
B  Y  Â  C  H  Ữ  U  C  Ơ  B  Ọ  Q  T  N  O
C  Ớ  Ư  N  Ò  M  I  Ó  X  A  H  C  G  Ă  O
U  M  C  R  B  O  O  M  G  M  A  H  I  N  K
U  T  U  B  C  Ó  M  D  Q  V  O  U  Ố  G  R
Q  G  T  I  C  I  N  Ă  C  Ứ  H  T  N  L  K
N  Ô  N  G  T  H  Ô  N  T  A  K  R  G  Ư  O
H  D  B  B  M  Ô  I  T  R  Ư  Ờ  N  G  Ợ  R
T  Ẽ  H  U  Ễ  S  Ả  N  X  U  Ấ  T  O  N  R
V  N  T  N  G  N  Y  B  L  N  O  M  Y  G  O
M  Ễ  I  H  N  Ô  H  S  I  N  H  T  H  Á  I
N  U  N  R  Ố  O  G  L  A  P  B  N  N  O  K
M  A  M  T  M  N  G  Y  G  Y  G  D  Q  G  B
L  C  P  Ễ  I  H  G  N  G  N  Ô  N  I  D  P
```

NÔNG NGHIỆP   CÂY
BỆNH   Ô NHIỄM
SINH THÁI   SẢN XUẤT
NĂNG LƯỢNG   NÔNG THÔN
MÔI TRƯỜNG   KHOA HỌC
XÓI MÒN   HẠT GIỐNG
PHÂN BÓN   HỌC
THỨC ĂN   HỆ THỐNG
SỰ PHÁT TRIỂN   RAU
HỮU CƠ   NƯỚC

76 - Hair Types

```
M Y H L N H N Ạ M E Ở H K B I
R À P B M C Ó O M R A O P Ễ G
Q D U C O P C I L A D Q G N U
M I K X Q K A Y N Q C I T O Q
A Ở G K Á P V C Y T P C O Q G
U Â N U À M S Á N G B Ó N G Y
N M E G P T I K Ắ N C G A M U
K K Đ L M Ó O U G K H Ô D C P
B Ạ C G À C O O N H D À I U N
M Ề M Y U V T B C I B V N R P
X U V Q H À V I H L R P L L U
O R T M O N D C H C A U G S D
Ă T P T N G Y C D P I P V L I
N Q Y U T R Ắ N G L D I O B N
M I K L O U H Q H R S C L V A
```

HÓI	MÀU XÁM
ĐEN	KHỎE MẠNH
TÓC VÀNG	DÀI
BỆN	SÁNG BÓNG
BRAIDS	NGẮN
MÀU NÂU	BẠC
MÀU	MỀM
CURLS	DÀY
XOĂN	MỎNG
KHÔ	TRẮNG

77 - Garden

```
T  T  L  R  V  T  O  H  O  A  P  Đ  V  P  O
X  Ẻ  N  G  V  Ấ  G  V  Ư  Ờ  N  Ấ  N  N  A
V  Y  K  D  H  M  A  N  B  Q  H  T  U  N  P
V  P  I  U  Y  B  R  C  N  K  D  Y  M  L  H
B  H  G  G  I  Ạ  A  L  K  V  I  M  Q  R  G
B  V  N  D  B  T  N  T  O  N  B  K  Q  Đ  Á
N  M  Ợ  T  M  Q  T  L  O  B  U  P  D  C  T
I  K  Ư  M  O  V  Ế  H  G  G  N  Ă  B  I  G
Y  H  H  I  Ê  N  C  G  Ẻ  L  I  A  V  D  G
I  C  T  G  O  O  T  U  H  À  N  G  R  À  O
N  V  N  D  G  G  V  A  R  Q  C  V  G  L  À
D  Y  Â  C  I  Ụ  B  Õ  H  V  C  G  O  Ở  C
T  Â  S  D  E  E  W  V  N  H  Y  L  U  P  K
Y  C  M  R  I  O  O  R  Ò  G  M  D  P  A  H
L  H  L  G  Y  C  M  P  U  I  Y  H  G  O  A
```

BĂNG GHẾ   AO
BỤI CÂY   HIÊN
HÀNG RÀO   CÀO
HOA   ĐÁ
GA-RA   XẺNG
VƯỜN   ĐẤT
CỎ   SÂN THƯỢNG
VÕNG   TẤM BẠT
VÒI   CÂY
THẺ   WEEDS

78 - Diplomacy

```
X  U  N  G  Đ  Ộ  T  G  N  C  I  V  I  C  H
D  Q  Ậ  N  M  C  N  I  O  H  G  U  V  V  Ợ
N  I  U  Ồ  A  H  G  Ả  R  N  Â  B  H  R  P
M  V  L  Đ  G  Í  O  I  L  A  V  N  Q  A  T
V  A  O  G  D  N  Ạ  P  R  M  H  B  Đ  L  Á
B  A  Ả  N  H  H  I  H  C  Ố  V  Ấ  N  Ạ  C
Đ  B  H  Ộ  I  T  G  Á  P  L  N  C  Ẹ  C  O
D  Ạ  T  C  L  R  I  P  K  I  G  C  V  H  H
U  B  I  V  Ạ  A  D  H  Đ  H  Ô  N  Í  I
P  Y  Q  S  C  N  O  L  D  Ạ  Ị  N  À  N  Ẽ
B  N  H  K  Ứ  K  N  R  A  I  Q  G  O  H  P
G  C  T  D  Đ  Q  T  I  B  S  U  D  T  P  Ư
R  B  C  Y  O  K  U  Q  N  Ứ  Y  Â  Q  H  Ớ
Y  N  O  K  Ạ  G  P  Á  N  H  Ế  N  Q  Ủ  C
R  K  O  B  Đ  H  Q  T  N  A  T  L  Q  M  G
```

CỐ VẤN
ĐẠI SỨ
CÔNG DÂN
CIVIC
CỘNG ĐỒNG
XUNG ĐỘT
HỢP TÁC
NGOẠI GIAO
THẢO LUẬN
ĐẠI SỨ QUÁN

ĐẠO ĐỨC
CHÍNH PHỦ
NHÂN ĐẠO
TOÀN VẸN
CHÍNH TRỊ
NGHỊ QUYẾT
AN NINH
GIẢI PHÁP
HIỆP ƯỚC

79 - Beach

```
V  O  Ô  P  B  M  R  C  U  I  R  P  H  H  L
R  U  N  Ể  I  B  O  D  K  Ỳ  N  G  H  Ỉ  T
H  Q  Ề  U  N  I  U  V  D  K  M  O  D  P  H
A  R  Y  R  G  V  I  U  G  Q  H  K  Q  N  U
Q  L  U  Q  A  N  T  Q  Y  Q  P  Ă  K  T  Y
H  I  H  N  A  X  U  À  M  Ầ  Đ  V  N  M  Ề
T  V  T  R  Ả  L  Ạ  I  Ờ  R  T  T  Ặ  M  N
B  Ờ  B  I  Ể  N  Đ  O  Đ  V  N  Á  A  U  B
D  O  C  K  V  K  Ả  V  Ạ  A  Ở  C  H  Q  U
H  A  D  U  H  M  O  G  I  A  U  D  V  N  Ồ
T  A  Y  Y  P  G  P  É  D  N  N  A  N  T  M
R  R  D  R  R  C  U  A  Ư  O  K  G  M  T  H
Y  N  T  Q  T  L  N  D  Ơ  A  M  Q  Y  H  H
L  L  V  M  V  A  T  A  N  B  R  T  G  Q  A
D  H  U  G  O  T  Y  B  G  A  Y  T  U  Q  O
```

MÀU XANH   THUYỀN BUỒM
THUYỀN   CÁT
BỜ BIỂN   DÉP
CUA   BIỂN
DOCK   VỎ
ĐẢO   MẶT TRỜI
ĐẦM   KHĂN
ĐẠI DƯƠNG   KỲ NGHỈ
TRẢ LẠI

80 - Countries #1

```
P I M R L I U G C N V I I V A
B Ậ B V B I S A P A I V T A L
R D C U L R P R D N N L D P P
A G V I Đ Ứ C R A A M A N A P
Z B I N A U Y D G E P I D K R
I A Ễ A L U Q K D C L N O A C
L L T L E C N I C A R A G U A
A A N N U B Q K H M U M C G V
G N A Ằ Z C L H M O R O C C O
E K M H E V K P K M B R N H P
N V P P N O C P P M H C Ý V O
E V H G E I N B U M Q N T Y N
S K Y Q V R T Â Y B A N N H A
I L G Y M A Y B I L T G P M L
Y H L I Y Q U Q H Y Y V G L D
```

BRAZIL	NICARAGUA
CANADA	NA UY
AI CẬP	PANAMA
PHẦN LAN	BA LAN
ĐỨC	ROMANIA
IRAQ	SENEGAL
ISRAEL	TÂY BAN NHA
LATVIA	VENEZUELA
LIBYA	VIỆT NAM
MOROCCO	

81 - Adjectives #1

```
G B U O A P Ẹ Đ G B N R I L I
N N N R L H I Ầ V P R Ộ I Q R
Ọ N Ặ C P K U Y I Ạ Đ N Ễ I H
R M Q N D T D T D M N G V Ố C
T M Ồ L G N Ổ H K Ỏ G L U T Y
N H T D M Ẫ A A Q N H Ư I T L
A R Ơ M N D U M N G I Ợ V U A
U V I M L P D V U I Ê N Ẻ Y K
Q H Ý K Ậ Ấ C Ọ G M M G B Ệ R
H Ữ U Í C H G N L U T B R T T
C T Q M P K C G U I R C H Đ P
T M C B B U K Ỳ L Ạ Ọ O M Ố G
M D M R P U H T V I N B D I K
N O K T Ậ U H T Ễ H G N K O A
T R U N G T H Ự C G Q Q N H L
```

TUYỆT ĐỐI
ĐẦY THAM VỌNG
THƠM
NGHỆ THUẬT
HẤP DẪN
ĐẸP
TỐI
KỲ LẠ
RỘNG LƯỢNG
VUI VẺ

NẶNG
HỮU ÍCH
TRUNG THỰC
KHỔNG LỒ
QUAN TRỌNG
HIỆN ĐẠI
NGHIÊM TRỌNG
CHẬM
MỎNG
QUÝ

82 - Technology

```
T  P  Ữ  G  K  G  A  C  T  A  B  R  M  A  Y
Ậ  N  H  D  D  I  K  O  R  I  N  M  P  M  C
P  Ộ  C  Ẫ  R  K  V  N  Ư  L  B  N  Ệ  T  R
T  I  K  Y  N  U  Q  T  N  K  D  O  I  E  Y
I  C  Ỹ  D  B  M  R  R  G  O  L  B  Đ  N  B
N  P  T  N  Ữ  O  Ề  Ở  B  B  U  Y  G  R  H
B  G  H  O  V  L  D  M  À  O  Ứ  P  N  E  N
H  Q  U  G  Ả  K  I  B  Y  L  C  T  Ô  T  Í
U  Y  Ậ  U  O  O  M  Ệ  M  À  N  G  H  N  T
D  P  T  Ú  R  I  V  V  U  D  Ê  Q  T  I  Y
K  H  S  O  A  V  T  G  U  I  I  A  R  U  Á
O  L  Ố  A  B  Q  U  K  V  G  H  V  U  A  M
D  M  O  B  I  N  A  V  Ê  K  G  N  Ố  H  T
M  V  G  O  A  G  M  T  G  H  N  Ả  Y  Á  M
T  R  Ì  N  H  D  U  Y  Ệ  T  T  G  M  N  M
```

BLOG	CHỮ
TRÌNH DUYỆT	INTERNET
NỘI	THÔNG ĐIỆP
MÁY ẢNH	NGHIÊN CỨU
MÁY TÍNH	MÀN
CON TRỎ	AN NINH
DỮ LIỆU	PHẦN MỀM
KỸ THUẬT SỐ	THỐNG KÊ
TRƯNG BÀY	ẢO
TẬP TIN	VI RÚT

83 - Global Warming

```
C  P  O  D  L  D  P  T  B  Q  C  P  K  D  B
H  G  M  K  N  Ữ  H  R  Ư  K  Y  Ẽ  B  T  Â
Í  H  K  I  N  L  Á  B  P  Ơ  N  I  P  Y  Y
N  Â  D  M  Ể  I  P  R  C  C  N  H  K  C  G
H  C  T  R  I  Ễ  L  D  Q  K  I  G  N  Ọ  I
P  M  Á  R  R  U  U  V  N  G  M  N  L  H  Ờ
H  Q  M  C  T  U  Ậ  H  Í  H  K  G  A  A  K
Ủ  I  Y  N  T  D  T  Q  D  V  M  N  T  O  I
R  B  N  A  Á  H  C  M  U  L  Q  Ô  C  H  Q
V  P  V  U  H  B  Ế  Q  C  Ố  V  C  H  K  C
U  G  I  U  P  G  U  H  T  P  C  Y  Ú  À  M
T  H  A  Y  Đ  Ổ  I  T  Ệ  D  R  T  Ý  H  D
K  H  Ủ  N  G  H  O  Ả  N  G  I  A  Ế  N  O
D  N  Ă  N  G  L  Ư  Ợ  N  G  H  K  T  C  U
M  Ô  I  T  R  Ư  Ờ  N  G  B  Ắ  C  C  Ự  C
```

BẮC CỰC	KHÍ
CHÚ Ý	CÁC THẾ HỆ
THAY ĐỔI	CHÍNH PHỦ
KHÍ HẬU	CÔNG NGHIỆP
KHỦNG HOẢNG	QUỐC TẾ
DỮ LIỆU	PHÁP LUẬT
PHÁT TRIỂN	BÂY GIỜ
NĂNG LƯỢNG	DÂN
MÔI TRƯỜNG	NHÀ KHOA HỌC
TƯƠNG LAI	

84 - Landscapes

```
P  C  T  H  U  N  G  L  Ũ  N  G  S  K  D  P
C  G  Ử  U  V  G  B  L  N  T  N  Ô  T  D  D
A  K  U  A  B  V  I  Ú  N  V  Ô  N  G  N  T
B  R  L  O  S  Q  Ể  U  G  C  S  G  T  R  Y
G  H  K  O  O  Ô  N  P  R  L  T  B  H  N  U
V  Á  C  H  Đ  Á  N  Q  T  U  S  Ă  Á  N  I
B  Ã  I  B  I  Ể  N  G  C  R  A  N  C  Y  V
L  Ã  N  H  N  G  U  Y  Ê  N  M  G  N  T  V
C  L  Y  N  Y  V  N  K  L  B  Ạ  I  Ư  P  B
N  U  Ầ  B  C  R  B  Ơ  K  P  C  G  Ớ  Y  O
H  U  L  B  C  T  Á  P  Ư  K  C  P  C  M  D
D  V  M  B  P  P  N  H  N  D  G  Y  H  I  D
L  G  Ầ  Y  Q  I  Đ  A  T  P  I  Đ  Ồ  I  Y
H  R  Đ  Ả  O  G  Ả  N  K  C  O  Ạ  H  I  L
N  Ú  I  L  Ử  A  O  G  I  V  O  Ả  Đ  C  Ố
```

BÃI BIỂN
HANG
VÁCH ĐÁ
SA MẠC
CỬA SÔNG
SÔNG BĂNG
ĐỒI
ĐẢO
HỒ
NÚI

ỐC ĐẢO
ĐẠI DƯƠNG
BÁN ĐẢO
SÔNG
BIỂN
ĐẦM LẦY
LÃNH NGUYÊN
THUNG LŨNG
NÚI LỬA
THÁC NƯỚC

85 - Visual Arts

```
G  C  Y  M  P  T  I  C  Ắ  H  K  U  Ê  I  Đ
I  S  Á  N  G  T  Ạ  O  C  H  T  M  M  O  Ấ
Ấ  K  I  Ễ  T  T  Á  C  Á  B  A  Y  C  R  T
Y  P  H  I  M  Ả  N  H  I  M  Y  N  I  V  S
N  G  B  I  V  G  Y  A  B  M  L  R  M  T  É
Ế  C  D  M  P  H  Ấ  N  Ú  D  L  M  H  Y  T
N  Ú  R  B  G  Ĩ  L  T  T  L  I  V  T  B  C
H  R  V  O  H  S  Q  U  A  N  Đ  I  Ể  M  H
Ả  T  C  O  G  Ệ  P  G  Ì  S  Y  U  V  N  Â
D  N  Ầ  H  P  H  N  À  H  T  Á  L  Y  Ẽ  N
D  Ế  H  M  Ố  G  Ồ  Đ  C  U  H  P  V  U  D
D  I  Q  C  P  N  C  O  T  Y  Q  H  M  Q  U
D  K  C  B  H  L  L  A  Ú  G  O  K  G  K  N
D  T  T  M  N  Ụ  Y  U  B  D  M  O  R  H  G
U  Q  H  B  D  Q  P  B  Ứ  C  T  R  A  N  H
```

KIẾN TRÚC	CÁI BÚT
NGHỆ SĨ	BÚT CHÌ
PHẤN	QUAN ĐIỂM
ĐẤT SÉT	ẢNH CHỤP
THÀNH PHẦN	CHÂN DUNG
SÁNG TẠO	ĐỒ GỐM
VẼ	ĐIÊU KHẮC
PHIM ẢNH	GIẤY NẾN
KIỆT TÁC	SÁP
BỨC TRANH	

86 - Plants

```
Q  Q  Q  U  U  D  T  O  C  I  R  K  N  N  T
U  K  H  R  N  G  U  Ồ  N  G  Ố  C  K  V  H
Ả  T  H  T  B  U  G  Ê  I  R  C  G  Ố  C  Ự
M  I  K  N  U  H  K  Q  R  R  C  K  A  U  C
Ọ  M  A  L  Á  U  R  T  Ậ  V  C  Ự  H  T  V
N  R  K  G  K  X  O  R  H  Ạ  T  Đ  Ậ  U  Ậ
G  L  N  U  O  P  Ư  E  A  Y  U  G  R  C  T
O  R  Ó  P  V  A  C  Ơ  A  K  L  Y  N  T  H
D  P  B  B  H  D  G  V  N  Ờ  Ư  V  C  N  Ọ
C  Á  N  H  H  O  A  B  G  G  P  I  N  A  C
Y  O  Â  L  N  V  R  H  O  A  R  O  L  F  T
P  G  H  B  B  Ụ  I  C  Â  Y  N  Ồ  I  N  D
T  U  P  H  V  M  Q  Y  L  Â  R  A  N  H  L
Q  Q  G  U  R  Ừ  N  G  P  C  K  B  C  G  A
P  N  T  M  H  A  Q  Y  L  Q  P  C  Ỏ  H  P
```

TRE	RỪNG
HẠT ĐẬU	VƯỜN
QUẢ MỌNG	CỎ
THỰC VẬT HỌC	IVY
BỤI CÂY	RÊU
XƯƠNG RỒNG	CÁNH HOA
PHÂN BÓN	NGUỒN GỐC
FLORA	GỐC
HOA	CÂY
LÁ	THỰC VẬT

87 - Boxing

```
K  R  M  Ẳ  C  Ó  G  V  M  Q  Q  G  K  T  D
A  I  Q  Y  O  H  N  H  A  N  H  Ă  H  I  Â
V  Ồ  Ẽ  A  O  H  Ấ  Y  B  Y  Q  N  U  Ê  Y
B  H  N  T  P  L  U  N  O  C  K  G  Ỷ  U  T
Q  C  P  M  S  A  K  T  T  H  G  T  U  Đ  H
B  Ụ  V  Ẳ  P  Ứ  T  O  G  H  O  A  T  I  Ừ
P  H  H  N  Ạ  M  C  Ứ  S  U  Ư  Y  A  Ể  N
R  P  A  H  Á  Đ  Ố  I  T  H  Ủ  Ơ  Y  M  G
Đ  Ấ  U  S  Ĩ  Đ  C  À  Y  R  B  Q  N  Q  C
C  O  O  Y  R  I  P  T  U  K  O  O  M  G  Ơ
O  T  C  P  O  Ể  M  G  R  Ỹ  I  H  U  N  T
P  D  L  C  C  M  C  N  D  N  H  H  V  Ô  H
U  N  A  U  P  Q  N  Ọ  A  Ă  N  Q  U  U  Ể
Q  T  B  D  R  O  Q  R  Y  N  Y  U  Y  H  L
I  T  K  R  A  V  T  T  T  G  K  O  K  C  D
```

CHUÔNG	CHẤN THƯƠNG
CƠ THỂ	ĐÁ
CẰM	ĐỐI THỦ
GÓC	ĐIỂM
KHUỶU TAY	NHANH
KIỆT SỨC	PHỤC HỒI
ĐẤU SĨ	TRỌNG TÀI
NẮM TAY	DÂY THỪNG
TIÊU ĐIỂM	KỸ NĂNG
GĂNG TAY	SỨC MẠNH

88 - Countries #2

```
H A I T I B L A P E N A M D S
E I G C Đ H À C S U D A N Q Y
T L H N M A O I U Q A H U R R
H A H Y C I N A T S I K A P I
I M U A K N O M N U T O B C A
O O Y D H A N A Ạ H I M D Y U
P S R B V B A J P C Â I Y C A
I I B B T L B R B O H T U P Q
A D M T N A E B C H Q T B N Q
D P N G Y K L N L R H A L Ẩ U
N I G E R I A L I B E R I A N
A B O R U K R A I N A M V Y G
G B I U R H V I H Y L Ạ P N H
U M P M E X I C O K D O A U K
K N P K R N P N T D I T C Y R
```

ALBANIA
ĐAN MẠCH
ETHIOPIA
HY LẠP
HAITI
JAMAICA
NHẬT BẢN
LÀO
LEBANON
LIBERIA

MEXICO
NEPAL
NIGERIA
PAKISTAN
NGA
SOMALIA
SUDAN
SYRIA
UGANDA
UKRAINA

89 - Adjectives #2

```
T  K  A  I  Q  T  B  V  M  Q  O  T  V  K  T
T  Ự  G  D  O  P  H  I  Ớ  R  R  R  Q  Ủ  I
H  M  H  N  Ạ  M  U  Ậ  I  R  N  Ó  N  G  T
A  À  N  À  N  O  M  A  T  O  Y  G  L  N  H
N  U  A  K  O  P  D  Ô  H  K  K  R  P  N  Ú
H  M  D  T  U  D  O  Ạ  T  G  N  Á  S  Ồ  V
L  Õ  I  M  Ặ  N  H  H  K  Ả  L  M  B  U  Ị
Ị  A  Ổ  N  K  G  O  N  Ị  P  G  O  N  B  H
C  H  N  G  H  D  L  D  C  P  N  P  Q  H  O
H  N  Ạ  M  E  Ỏ  H  K  H  C  K  C  L  H  A
M  P  L  R  Q  N  Ă  N  G  K  H  I  Ế  U  N
A  N  B  R  P  M  A  A  O  A  C  Ó  D  U  G
I  T  A  M  Y  H  T  P  A  R  B  Đ  U  L  D
N  V  O  P  Q  V  B  G  G  O  M  M  D  I  Ã
T  Ự  N  H  I  Ê  N  H  M  A  T  B  K  Q  P
```

THẬT	ĐÓI
SÁNG TẠO	THÚ VỊ
MÔ TẢ	TỰ NHIÊN
KỊCH	MỚI
KHÔ	MÀU MỠ
THANH LỊCH	TỰ HÀO
NỔI DANH	MẶN
NĂNG KHIẾU	BUỒN NGỦ
KHỎE MẠNH	MẠNH
NÓNG	HOANG DÃ

90 - Psychology

```
U  V  I  Á  I  G  H  N  Á  Đ  Y  C  H  C  D
O  T  Y  A  B  I  V  H  N  À  H  V  N  C  T
H  L  M  P  G  Ấ  O  Õ  O  C  G  U  Í  U  A
B  U  C  I  N  C  Ứ  H  T  M  Ề  I  T  Ộ  A
B  U  Ú  A  L  M  T  G  Ộ  K  Đ  M  Á  C  U
O  H  X  B  R  Ơ  A  N  Đ  L  N  N  C  H  Ấ
L  Â  M  S  À  N  G  Y  G  T  Ấ  A  D  Ẹ  Ơ
M  V  Ả  T  L  D  P  U  N  B  V  L  G  N  H
R  P  C  O  V  D  C  S  U  Ễ  I  L  Ị  R  T
Ý  T  Ư  Ở  N  G  Y  M  X  T  G  G  P  Y  I
H  C  Á  I  T  Ô  I  K  M  C  H  P  U  L  Ờ
K  I  N  H  N  G  H  I  Ễ  M  C  Ự  L  H  H
R  H  Y  N  C  Ả  M  G  I  Á  C  P  C  O  T
N  H  Ậ  N  T  H  Ứ  C  T  Y  B  O  H  T  P
T  B  Ấ  T  T  Ỉ  N  H  I  Q  R  Y  O  P  Ế
```

CUỘC HẸN	KINH NGHIỆM
ĐÁNH GIÁ	Ý TƯỞNG
HÀNH VI	CÁ TÍNH
THỜI THƠ ẤU	VẤN ĐỀ
LÂM SÀNG	THỰC TẾ
NHẬN THỨC	CẢM GIÁC
XUNG ĐỘT	TIỀM THỨC
GIẤC MƠ	TRỊ LIỆU
CÁI TÔI	SUY NGHĨ
CẢM XÚC	BẤT TỈNH

91 - Math

```
S  Đ  Â  U  M  Q  B  T  Q  O  P  S  K  Y  P
O  A  M  D  N  U  T  Á  O  I  O  Ố  H  O  T
N  G  L  P  H  Ả  I  V  N  Q  V  H  O  L  A
G  I  Ư  R  N  N  K  D  G  K  Y  Ọ  I  Ũ  M
S  Á  Ợ  H  Ì  G  Í  U  Ó  M  Í  C  V  V  G
O  C  N  A  R  T  N  K  C  Ố  B  N  U  B  I
N  T  G  S  T  R  Â  Q  G  S  D  N  H  B  Á
G  T  K  Ố  G  Ư  H  O  P  N  L  P  C  Y  C
N  G  K  O  N  Ờ  P  M  A  Â  Ờ  Y  G  Q  Ó
G  I  U  U  Ơ  N  P  T  U  H  P  Ư  M  R  G
U  M  M  D  Ư  G  Ậ  Q  H  P  C  B  Đ  D  G
T  H  Ì  N  H  C  H  Ữ  N  H  Ậ  T  I  I  N
U  Ổ  G  Q  P  K  T  Đ  Ố  I  X  Ứ  N  G  Ô
V  V  N  B  H  Ì  N  H  H  Ọ  C  K  I  H  U
D  P  K  G  D  Y  K  G  V  V  V  V  B  I  V
```

GÓC	CHU VI
SỐ HỌC	VUÔNG GÓC
THẬP PHÂN	ĐA GIÁC
ĐƯỜNG KÍNH	BÁN KÍNH
PHƯƠNG TRÌNH	HÌNH CHỮ NHẬT
MŨ	QUẢNG TRƯỜNG
PHÂN SỐ	TỔNG
HÌNH HỌC	ĐỐI XỨNG
SỐ	TAM GIÁC
SONG SONG	ÂM LƯỢNG

92 - Water

```
T  Ụ  L  Ũ  L  B  C  S  H  G  N  Ô  S  R  C
T  H  U  Y  G  N  Ơ  Ư  D  I  Ạ  Đ  P  K  V
C  V  Ủ  V  O  H  Ồ  Ơ  Y  Ó  I  D  L  B  G
R  E  S  Y  E  G  B  N  Y  M  Ẩ  Ộ  Đ  P  Q
G  A  Q  T  L  K  K  G  O  Ù  S  Ó  N  G  D
K  P  L  U  N  Ợ  Q  G  B  A  V  G  Q  C  R
O  M  N  Y  M  Ư  I  I  B  V  R  C  N  B  T
D  O  E  Ế  U  G  Ớ  Á  Q  R  K  N  I  O  M
M  Ã  S  T  U  I  M  C  I  P  D  Ê  B  Q  O
Ư  B  A  Y  H  Ơ  I  Ớ  Đ  G  A  K  N  B  I
A  N  O  P  V  U  K  Ư  G  Á  V  I  L  H  M
A  Ơ  H  Y  H  Q  V  N  L  V  U  N  T  L  B
Y  C  I  B  Y  K  Q  I  P  R  G  Y  P  V  H
O  R  Ò  M  A  L  N  Ơ  I  U  Ố  N  G  Y  Y
O  U  V  K  A  A  T  H  C  I  L  L  M  O  D
```

KÊNH	ĐỘ ẨM
UỐNG	GIÓ MÙA
BAY HƠI	ĐẠI DƯƠNG
LŨ LỤT	MƯA
SƯƠNG GIÁ	SÔNG
GEYSER	VÒI HOA SEN
CƠN BÃO	TUYẾT
NƯỚC ĐÁ	HƠI NƯỚC
THỦY LỢI	SÓNG
HỒ	

93 - Activities

```
K  V  M  B  N  G  N  I  M  I  Y  A  M  K  N
V  H  C  Ứ  G  N  Ộ  Đ  T  Ạ  O  H  A  Ố  U
O  B  H  C  H  Ô  A  H  A  Í  C  D  T  Đ  P
L  B  O  T  Ệ  C  D  H  M  R  U  O  H  U  O
B  K  K  R  T  Ủ  Y  P  À  T  Á  C  U  Â  C
N  Q  N  A  H  H  T  P  H  I  H  K  Ậ  C  Q
R  H  R  N  U  T  C  L  Q  Ả  L  Y  T  D  Y
A  U  I  H  Ậ  Ồ  A  R  L  I  Y  Ò  L  T  L
Q  Y  I  Ế  T  Đ  T  Y  K  G  N  Ă  N  Ỹ  K
D  V  G  D  P  L  À  M  V  Ư  Ờ  N  P  G  B
N  A  G  G  P  Ả  Đ  S  Ă  N  B  Ắ  N  C  C
A  T  M  V  M  T  N  Ọ  Y  Q  B  U  G  H  K
T  H  Ư  G  I  Ã  N  H  C  Q  N  H  O  O  A
C  Ắ  M  T  R  Ạ  I  Ơ  H  C  Ò  R  T  I  P
K  O  D  T  P  G  V  Đ  A  N  B  U  T  D  L
```

HOẠT ĐỘNG	MA THUẬT
NGHỆ THUẬT	BỨC TRANH
CẮM TRẠI	NHIẾP ẢNH
ĐỒ THỦ CÔNG	HÀI LÒNG
CÂU CÁ	CÂU ĐỐ
TRÒ CHƠI	ĐỌC
LÀM VƯỜN	THƯ GIÃN
SĂN BẮN	MAY
ĐAN	KỸ NĂNG
GIẢI TRÍ	

94 - Business

```
C  C  B  R  Q  U  Ả  N  L  Ý  K  C  G  N  K
L  G  M  Ế  N  N  M  B  D  I  Y  H  I  G  D
C  Ử  A  T  I  Ễ  M  A  K  U  T  Ủ  Ả  H  K
N  A  Ó  H  G  N  À  H  D  H  G  N  M  Ề  N
M  V  A  N  Â  N  V  I  Ê  N  H  G  N  P
Í  H  P  I  H  C  N  T  O  H  Ô  Â  I  G  T
O  N  C  K  Q  H  O  H  I  P  C  N  Á  H  I
R  Í  O  Á  T  H  U  Ế  À  Ề  I  B  U  I  H
B  H  Ư  I  S  R  H  B  R  M  N  N  K  Ễ  I
G  C  T  I  Ề  N  T  Ệ  B  M  Á  K  G  P  U
H  I  U  P  L  A  Â  N  M  H  B  Y  O  M  L
B  À  Ầ  U  M  I  R  G  N  Ò  H  P  N  Ă  V
T  T  Đ  A  L  D  C  D  N  Q  V  T  I  P  K
L  P  T  H  U  N  H  Ậ  P  G  L  V  L  Y  M
N  D  P  R  L  L  M  H  M  H  P  A  O  H  O
```

NGÂN SÁCH	TÀI CHÍNH
NGHỀ NGHIỆP	THU NHẬP
CÔNG TY	ĐẦU TƯ
CHI PHÍ	QUẢN LÝ
TIỀN TỆ	HÀNG HÓA
GIẢM GIÁ	TIỀN
KINH TẾ	VĂN PHÒNG
NHÂN VIÊN	BÁN
CHỦ NHÂN	CỬA TIỆM
NHÀ MÁY	THUẾ

95 - The Company

```
C O R O Q T R Ì N H B À Y Q M
C H Y Ủ V B U Ầ C N À O T U I
Ô R Ấ B I T N D V A C X R Y D
N Ị T Q R G M B O L U G Ế N
G V D Q L A O T Ẩ D G H B T M
N N Q B M Ư I Y B H D Ữ L Đ Q
G Ơ O V Q Y Ợ M T N P Ớ M Ị D
H Đ I U O Ộ B N Ế I T N R N A
I Ầ T B B Q I P G K A G Ả H N
Ễ U V I Ễ C L À M V Y N A S H
P T D O A N H T H U U Ă N B T
M Ư T À I N G U Y Ê N N N I I
T I Ề N L Ư Ơ N G I N Ả M B Ế
H P Ễ I H G N N Ê Y U H C K N
Q N T B S Á N G T Ạ O K C P G
```

KINH DOANH   CHUYÊN NGHIỆP
SÁNG TẠO   TIẾN BỘ
QUYẾT ĐỊNH   CHẤT LƯỢNG
VIỆC LÀM   DANH TIẾNG
TOÀN CẦU   TÀI NGUYÊN
CÔNG NGHIỆP   DOANH THU
ĐẦU TƯ   RỦI RO
KHẢ NĂNG   XU HƯỚNG
TRÌNH BÀY   ĐƠN VỊ
SẢN PHẨM   TIỀN LƯƠNG

96 - Literature

```
Y  Q  R  L  Y  T  Á  C  G  I  Ả  C  G  V  P
P  H  Â  N  T  Í  C  H  L  O  S  H  K  I  H
T  I  H  Ằ  B  I  K  Ị  C  H  Ự  Ủ  M  Ễ  Ầ
P  M  M  V  R  Y  U  A  U  H  M  Đ  S  N  N
T  Ể  U  T  H  U  Y  Ế  T  I  Ề  O  T  K
Q  G  T  I  Ể  U  S  Ử  A  I  Ê  Q  S  Ư  Ế
I  M  I  T  O  C  P  T  O  T  U  V  Á  Ở  T
B  U  Ạ  A  Y  D  U  V  Ư  I  T  H  N  N  L
C  P  O  I  I  O  B  N  G  Ơ  Ả  A  H  G  U
P  Ị  H  N  Q  T  B  B  Ụ  D  N  Ẩ  Q  Y  Ậ
H  U  T  Ế  G  Ơ  H  T  I  À  B  G  Q  A  N
M  Q  I  I  I  H  A  O  V  Q  N  C  T  L  D
K  T  Ộ  K  H  T  N  T  Ạ  Q  B  Q  Q  Ự  Y
B  T  H  Ý  Y  C  C  T  M  I  N  L  L  H  L
A  P  H  O  N  G  C  Á  C  H  D  C  K  V  I
```

TƯƠNG TỰ	ẨN DỤ
PHÂN TÍCH	TIỂU THUYẾT
GIAI THOẠI	Ý KIẾN
TÁC GIẢ	BÀI THƠ
TIỂU SỬ	THƠ
SO SÁNH	VẦN
PHẦN KẾT LUẬN	NHỊP
SỰ MIÊU TẢ	PHONG CÁCH
HỘI THOẠI	CHỦ ĐỀ
VIỄN TƯỞNG	BI KỊCH

97 - Geography

```
B  C  U  L  Ụ  C  Đ  Ị  A  P  Ổ  B  I  Ể  N
A  Ắ  Ầ  Y  N  R  Y  Y  T  A  H  I  B  V  K
H  U  C  Y  U  T  L  C  G  C  T  T  T  Ĩ  H
I  Ú  N  Y  Â  T  G  N  Ớ  Ư  H  L  I  Đ  U
H  A  Á  R  B  R  N  D  S  Ô  N  G  A  Ộ  V
Đ  B  B  L  Ả  M  Ơ  T  H  K  Ã  K  I  S  Ự
Ả  Đ  U  B  N  P  Ư  R  G  O  L  I  G  L  C
O  C  Ộ  P  Đ  A  D  M  Y  Y  V  N  C  N  P
V  M  Y  C  Ồ  T  I  O  T  I  D  H  Ố  O  A
Q  T  N  I  A  T  Ạ  V  H  O  M  T  U  P  C
G  O  T  L  P  O  Đ  G  L  B  P  U  Q  I  D
V  A  T  H  À  N  H  P  H  Ố  O  Y  Q  G  P
P  H  Í  A  N  A  M  I  Ớ  I  G  Ế  H  T  R
I  C  T  C  R  T  K  O  R  L  D  N  Y  P  C
M  V  M  C  D  K  G  Y  D  O  G  R  G  U  R
```

ATLAS	NÚI
THÀNH PHỐ	BẮC
LỤC ĐỊA	ĐẠI DƯƠNG
QUỐC GIA	KHU VỰC
ĐỘ CAO	SÔNG
BÁN CẦU	BIỂN
ĐẢO	PHÍA NAM
VĨ ĐỘ	LÃNH THỔ
BẢN ĐỒ	HƯỚNG TÂY
KINH TUYẾN	THẾ GIỚI

98 - Jazz

```
N  C  C  K  C  A  M  L  U  Q  K  A  T  R  T
V  G  Q  G  T  N  N  M  N  T  G  L  G  B  À
M  T  H  H  I  C  D  H  Ũ  A  Â  B  T  Q  I
P  P  Q  Ệ  N  L  À  N  C  V  M  U  A  T  N
G  H  O  D  S  Y  N  A  R  Í  N  M  B  C  Ă
M  M  O  A  P  Ĩ  N  D  T  Á  H  I  À  B  N
K  Y  C  N  U  H  H  I  H  O  Ạ  T  D  Y  G
M  N  B  C  G  N  Ạ  Ổ  G  T  C  R  U  T  K
Ớ  H  L  A  N  C  C  N  N  H  Ị  P  U  Ê  U
I  Ấ  R  O  Ố  T  Á  T  H  Ể  L  O  Ạ  I  Y
O  N  R  C  R  A  H  C  H  Ứ  N  G  H  A  B
L  M  I  M  T  T  Ậ  U  H  T  Ỹ  K  G  B  M
Y  Ạ  B  U  Ổ  I  H  Ò  A  N  H  Ạ  C  T  V
A  N  N  H  À  S  O  Ạ  N  N  H  Ạ  C  P  I
Y  H  T  H  À  N  H  P  H  Ầ  N  P  K  A  H
```

ALBUM	HỨNG
NGHỆ SĨ	ÂM NHẠC
NHÀ SOẠN NHẠC	MỚI
THÀNH PHẦN	CŨ
BUỔI HÒA NHẠC	DÀN NHẠC
TRỐNG	NHỊP
NHẤN MẠNH	BÀI HÁT
NỔI DANH	PHONG CÁCH
YÊU THÍCH	TÀI NĂNG
THỂ LOẠI	KỸ THUẬT

99 - Nature

```
S  B  N  H  T  U  H  V  U  R  N  A  V  R  H
Ô  U  Ắ  M  H  O  D  T  B  Ừ  N  G  C  G  L
N  C  V  C  N  V  C  H  E  N  E  R  E  S  L
G  M  B  Y  C  O  R  Á  D  G  N  O  D  U  N
P  Q  B  O  M  Ự  N  N  X  Ó  I  M  Ò  N  Ă
M  A  L  U  V  R  C  H  N  Ì  B  A  Ò  H  N
S  Ô  N  G  B  Ă  N  G  I  G  V  Q  C  M  G
S  Ư  Ơ  N  G  M  Ù  N  Y  Y  Â  M  M  Á  Đ
R  A  Q  Đ  P  L  Q  Ú  C  S  U  K  Y  I  Ộ
Y  N  U  Ộ  G  U  Á  I  Y  D  A  I  T  Q  N
O  C  K  N  H  O  A  N  G  D  Ã  M  Y  L  G
Q  P  N  G  N  Ọ  R  T  N  A  U  Q  Ạ  O  O
Q  A  H  V  A  M  B  V  Ẻ  Đ  Ẹ  P  P  C  T
B  A  A  Ậ  L  I  M  D  M  O  N  Y  M  P  K
I  Ớ  Đ  T  Ẽ  I  H  N  T  R  P  T  C  H  G
```

ĐỘNG VẬT	RỪNG
BẮC CỰC	SÔNG BĂNG
VẺ ĐẸP	NÚI
ONG	HÒA BÌNH
ĐÁM MÂY	SÔNG
SA MẠC	THÁNH
NĂNG ĐỘNG	SERENE
XÓI MÒN	NHIỆT ĐỚI
SƯƠNG MÙ	QUAN TRỌNG
LÁ	HOANG DÃ

100 - Vacation #2

```
K O N G V Y C Ố U Q I Ạ O G N
H Y B L M A Q M G N P G A I I
Á N Ú I Ạ R T M Ắ C L Ề U Ả B
C Ự H T Ị H T M R Y U B M I Ả
H P K U M H N Ả H A Ế L P T N
S A H C I À B Ã I B I Ể N R Đ
Ạ B V K A N Đ H N N H V I Í Ồ
N U I H R H G I N Â C O Y Q B
D T O L U T B C Ể S Ộ D O U P
O A K A L R Y K I M H U R I A
C B Y N Ỳ I P O B X Đ C G T L
Ễ L Y À G N T O P G E Ế D T P
G N Ể Y U H C N Ậ V O L N Y V
Đ Ả O X E T Ắ C X I D R Ử B Y
G B M U M V C Y P M D R A A R
```

SÂN BAY
BÃI BIỂN
CẮM TRẠI
ĐIỂM ĐẾN
NGOẠI QUỐC
NGÀY LỄ
KHÁCH SẠN
ĐẢO
HÀNH TRÌNH
GIẢI TRÍ

BẢN ĐỒ
NÚI
HỘ CHIẾU
ẢNH
BIỂN
XE TẮC XI
LỀU
XE LỬA
VẬN CHUYỂN
THỊ THỰC

1 - Antiques

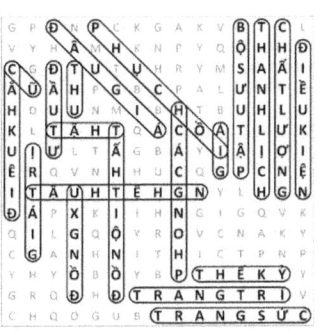

2 - Food #1

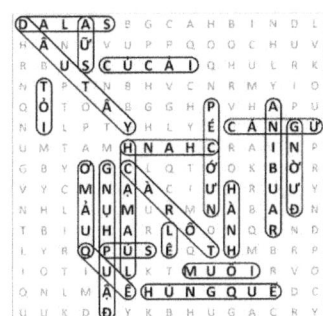

3 - Measurements

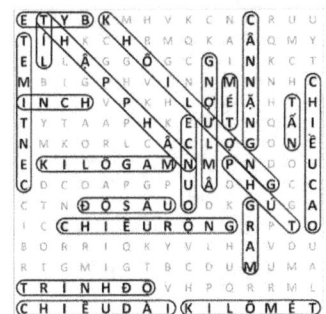

4 - Farm #2

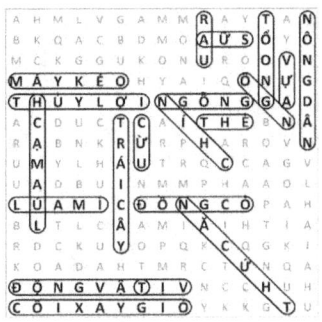

5 - Books

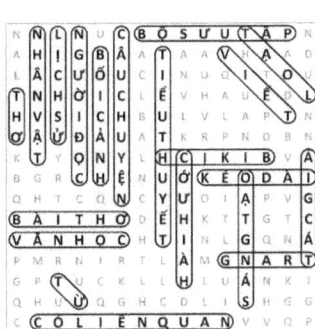

6 - Meditation

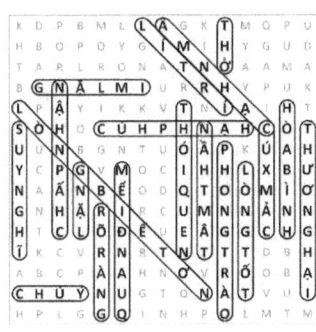

7 - Days and Months

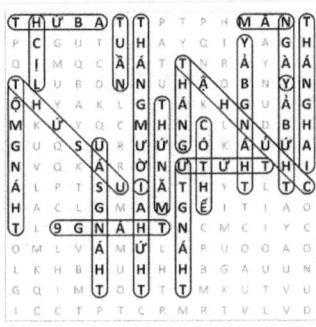

8 - Energy

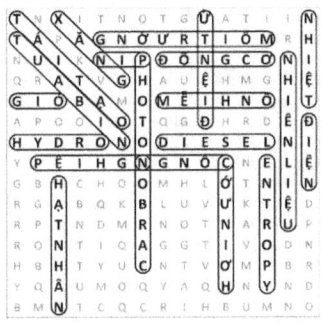

9 - Chess

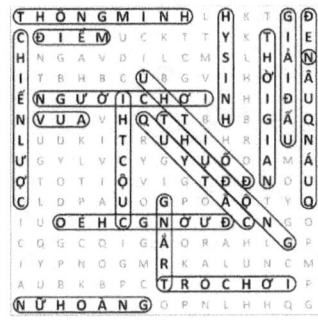

10 - Archeology

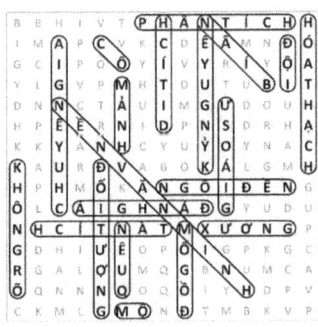

11 - Food #2

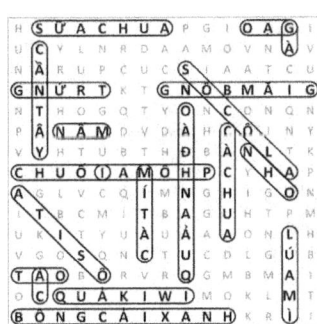

12 - Chemistry

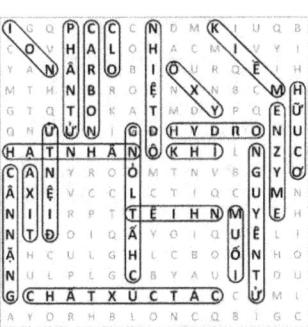

13 - Music

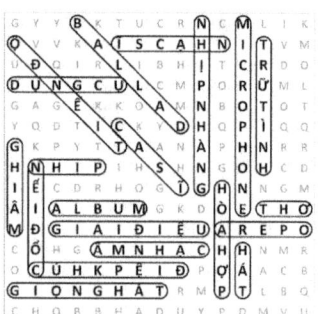

14 - Family

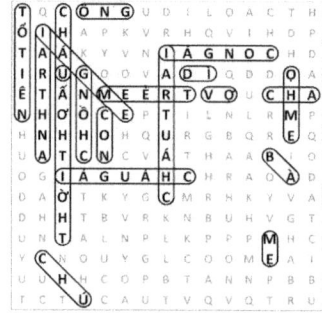

15 - Farm #1

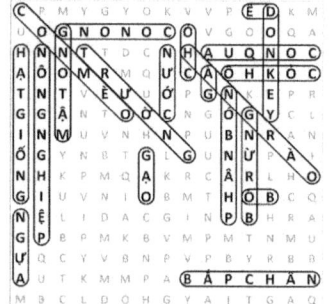

16 - Camping

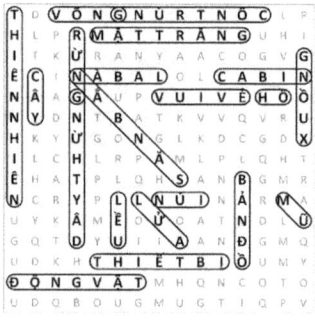

17 - Algebra

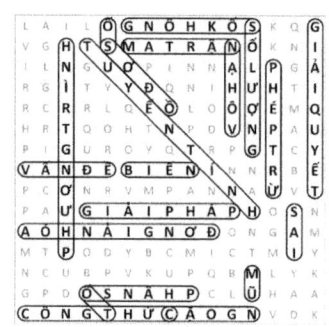

18 - Numbers

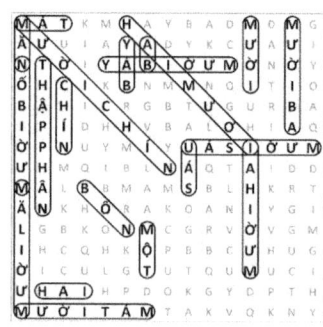

19 - Spices

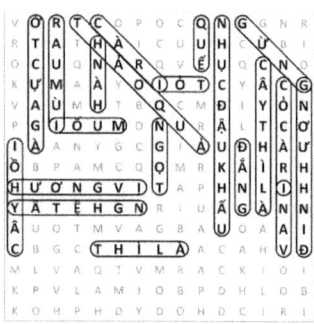

20 - Mammals

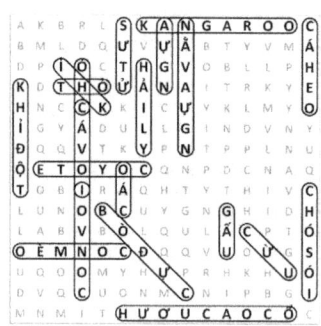

21 - Fishing

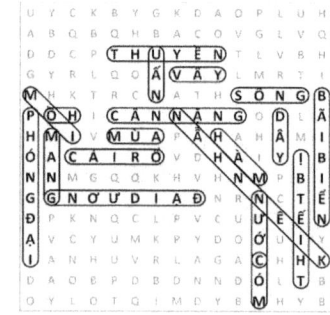

22 - Bees

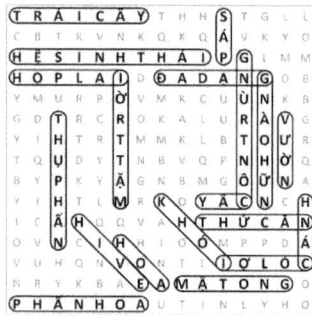

23 - Weather

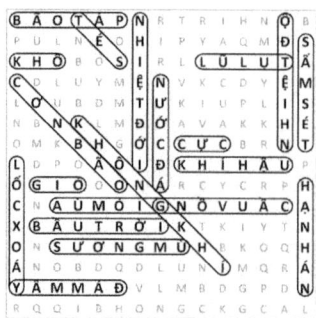

24 - Restaurant #2

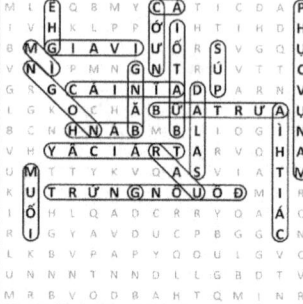

25 - Geology

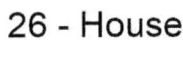

26 - House

27 - Physics

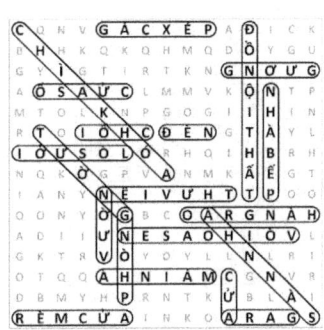

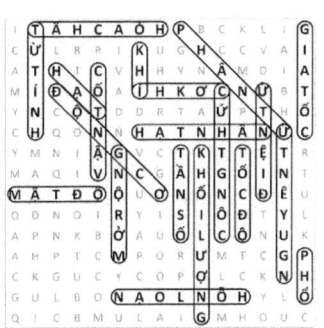

28 - Coffee

29 - Shapes

30 - Scientific Disciplines

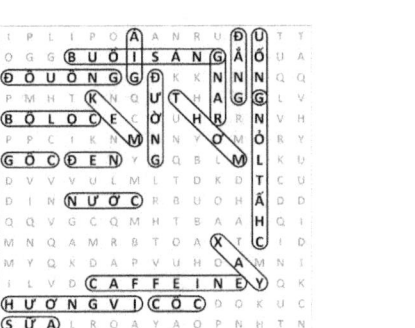

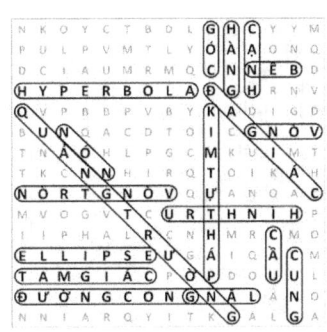

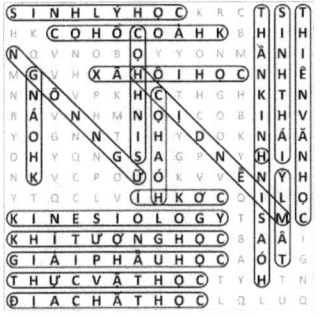

31 - Science

32 - Beauty

33 - Clothes

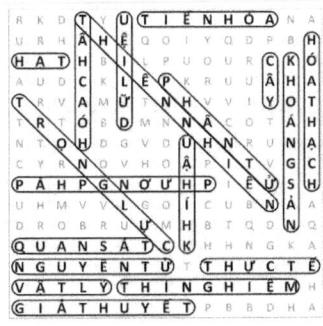

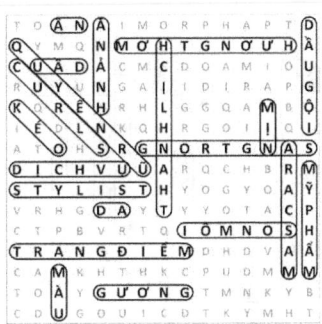

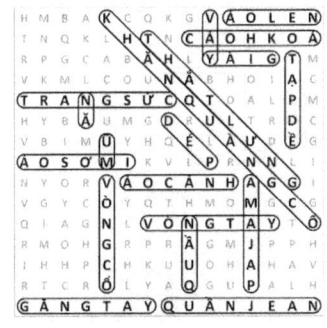

34 - Insects

35 - Astronomy

36 - Health and Wellness #2

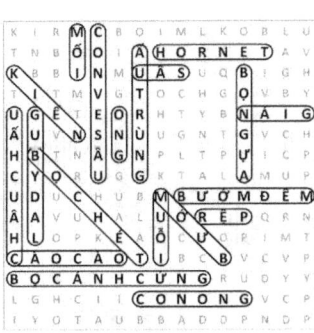

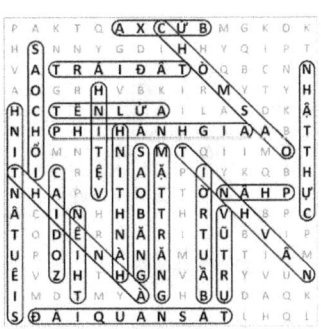

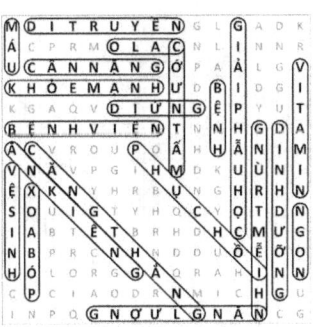

37 - Disease

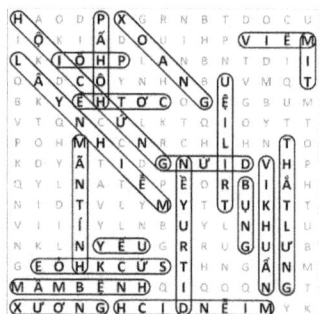

38 - Time

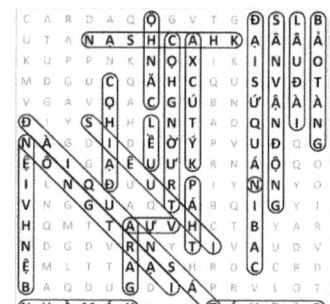

39 - Buildings

40 - Philanthropy

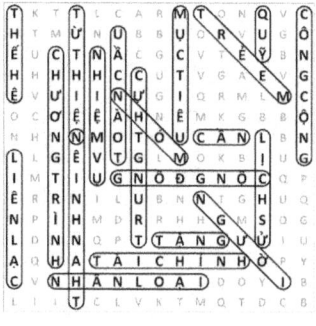

41 - Herbalism

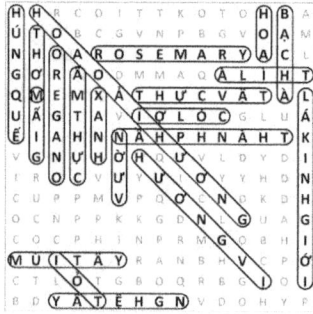

42 - Vehicles

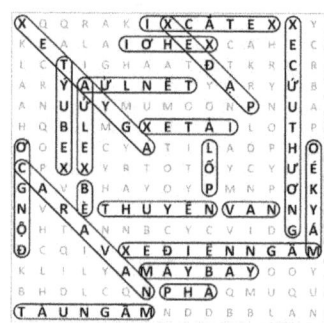

43 - Flowers

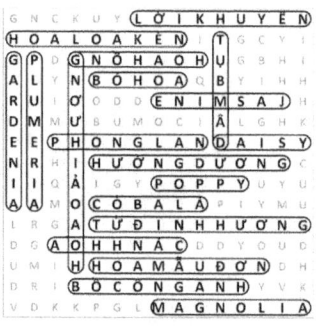

44 - Health and Wellness #1

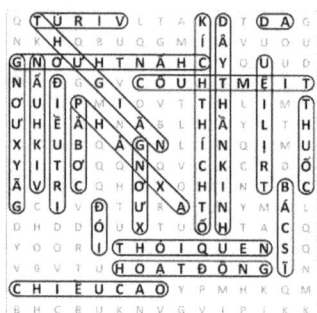

45 - Antarctica

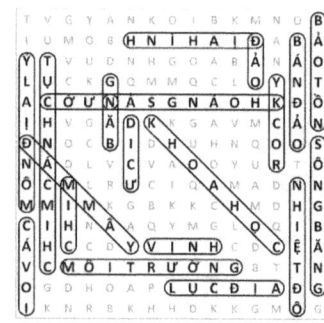

46 - Fashion

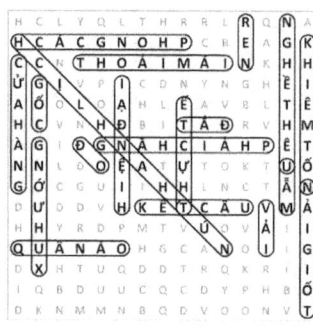

47 - Human Body

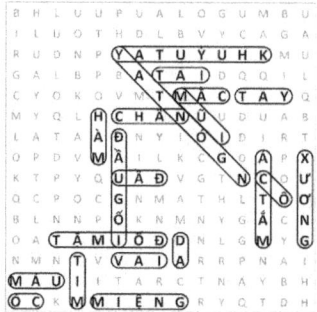

48 - Musical Instruments

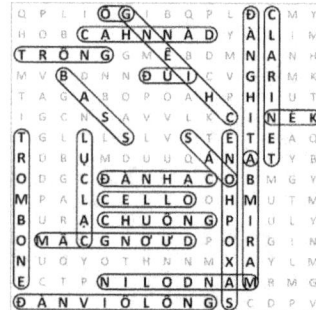

49 - Fruit

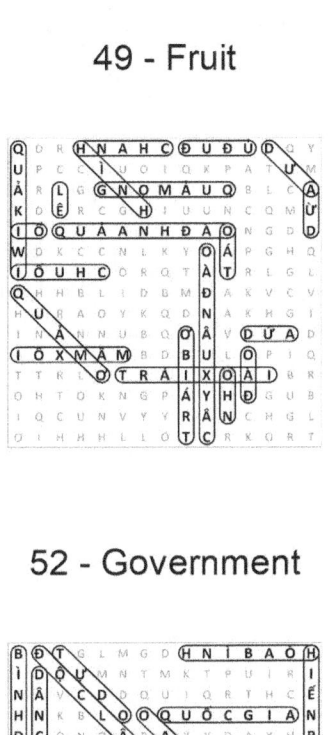

50 - Virtues #1

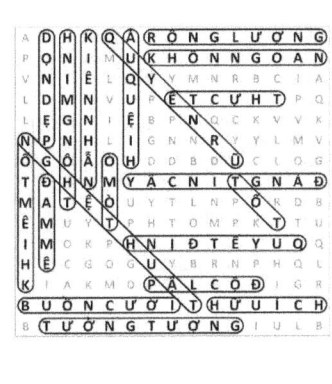

51 - Engineering

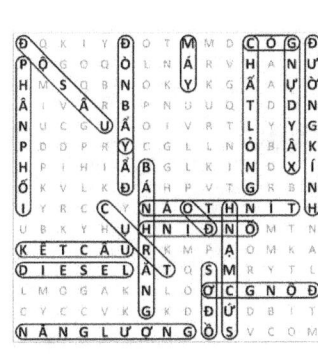

52 - Government

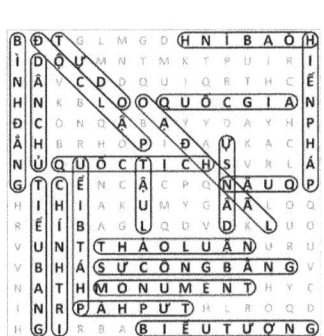

53 - Art Supplies

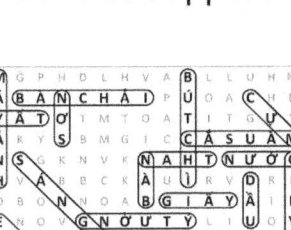

54 - Science Fiction

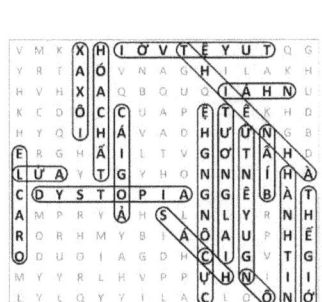

55 - Geometry

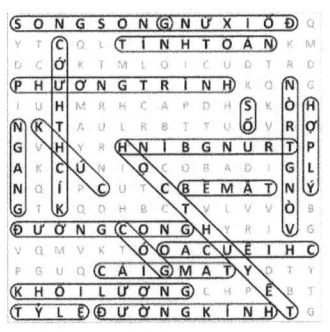

56 - Creativity

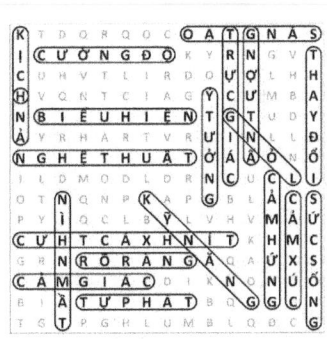

57 - Airplanes

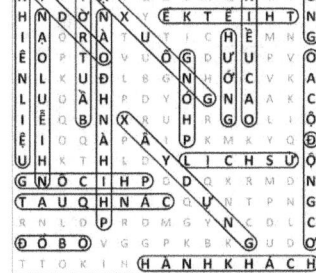

58 - Ocean

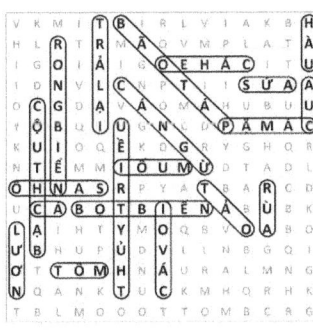

59 - Force and Gravity

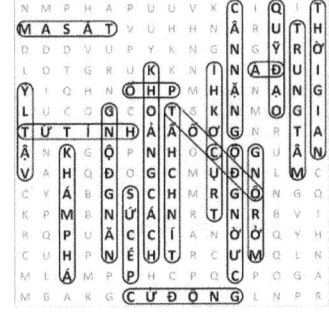

60 - Birds

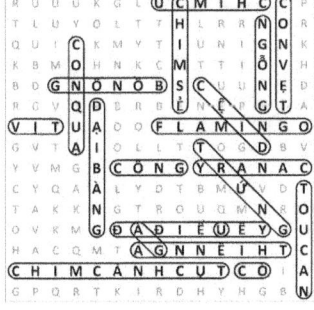

61 - Nutrition

62 - Hiking

63 - Professions #1

64 - Barbecues

65 - Chocolate

66 - Vegetables

67 - The Media

68 - Boats

69 - Activities and Leisure

70 - Driving

71 - Biology

72 - Professions #2

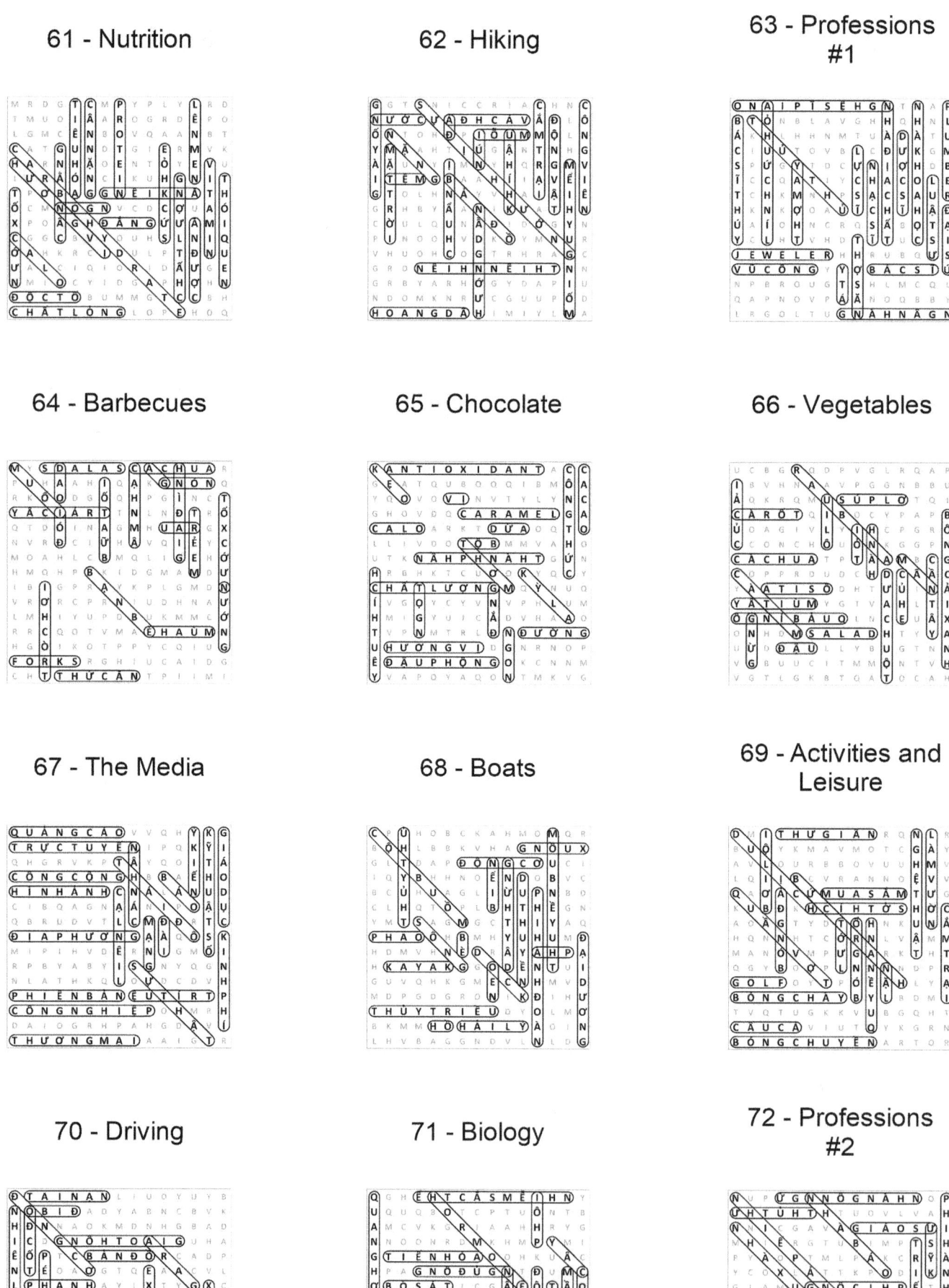

73 - Emotions

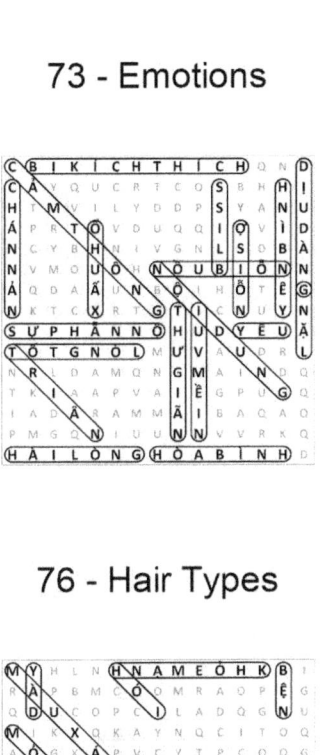

74 - Mythology

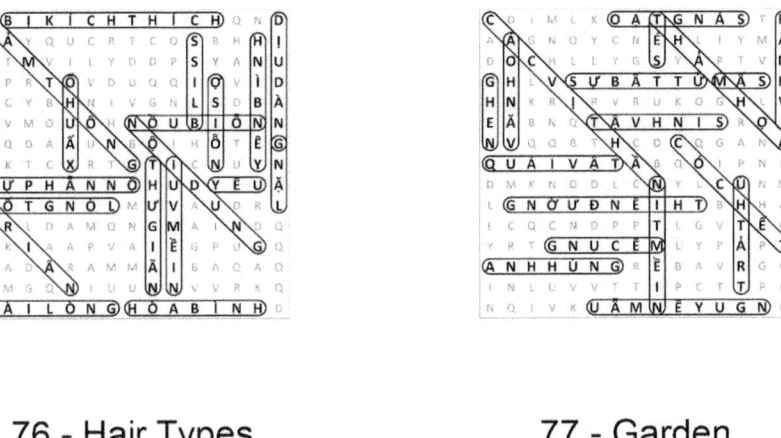

75 - Agronomy

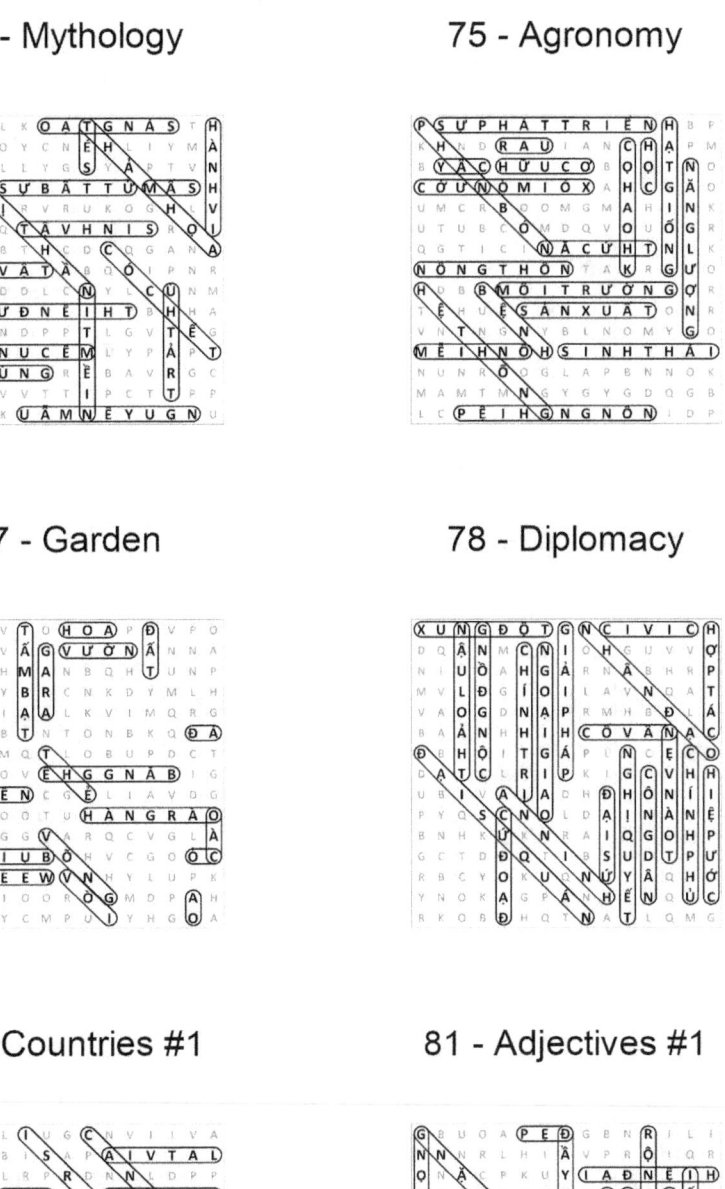

76 - Hair Types

77 - Garden

78 - Diplomacy

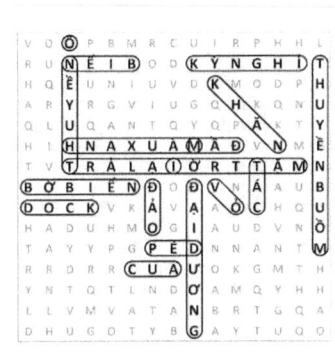

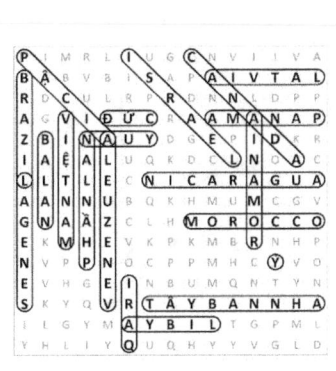

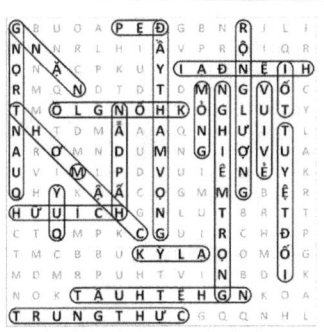

79 - Beach

80 - Countries #1

81 - Adjectives #1

82 - Technology

83 - Global Warming

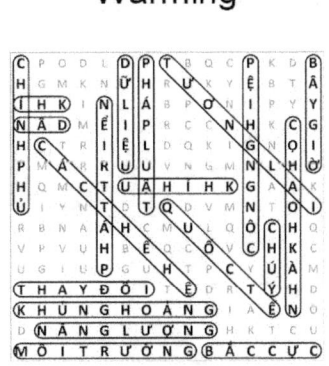

84 - Landscapes

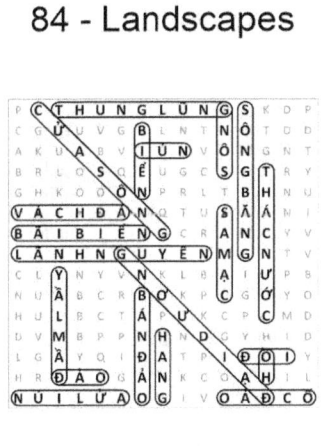

85 - Visual Arts

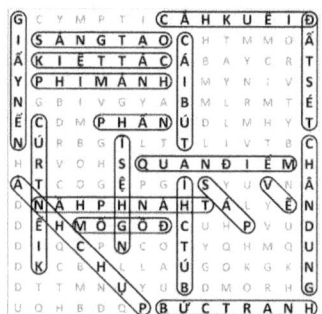

86 - Plants

87 - Boxing

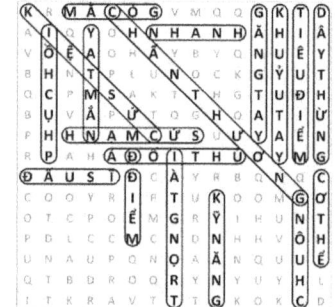

88 - Countries #2

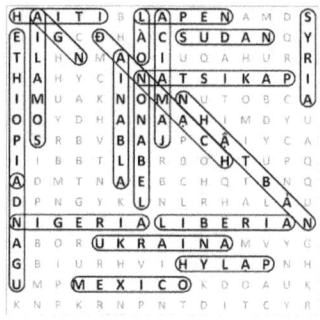

89 - Adjectives #2

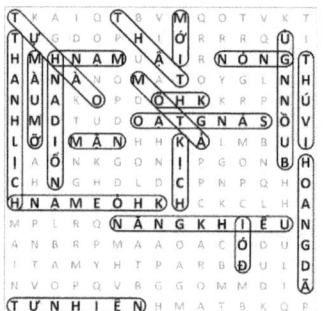

90 - Psychology

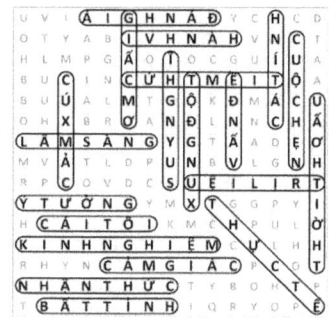

91 - Math

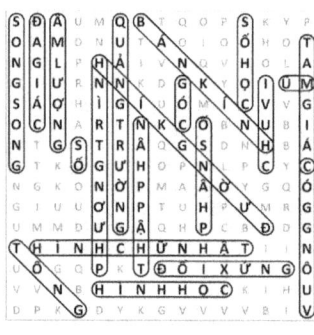

92 - Water

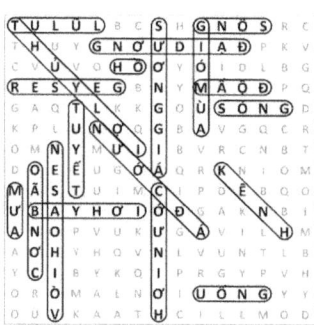

93 - Activities

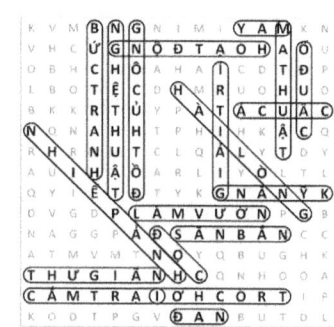

94 - Business

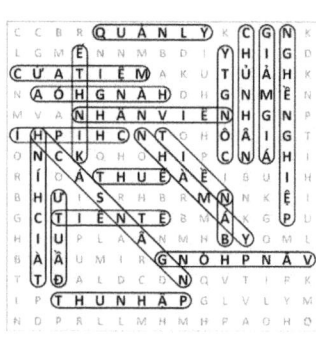

95 - The Company

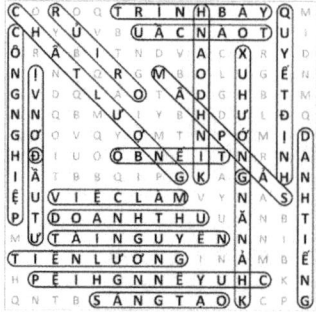

96 - Literature

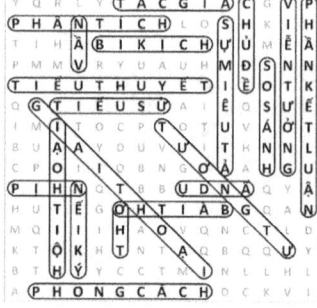

97 - Geography

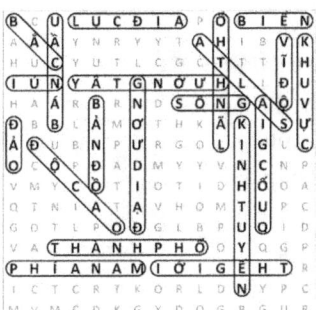

98 - Jazz

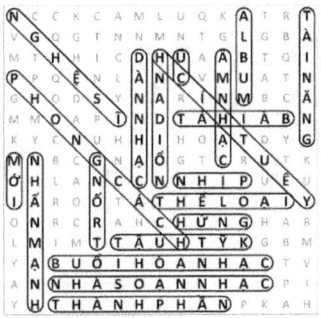

99 - Nature

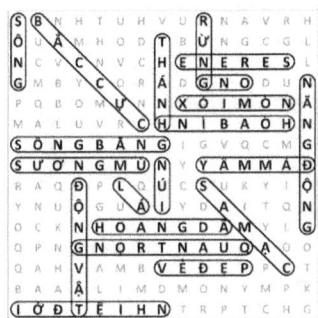

100 - Vacation #2

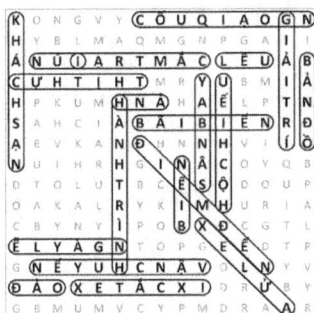

Dictionary

Activities
Các Hoạt Động

Activity	Hoạt Động
Art	Nghệ Thuật
Camping	Cắm Trại
Crafts	Đồ thủ Công
Fishing	Câu Cá
Games	Trò Chơi
Gardening	Làm Vườn
Hunting	Săn Bắn
Knitting	Đan
Leisure	Giải Trí
Magic	Ma Thuật
Painting	Bức Tranh
Photography	Nhiếp Ảnh
Pleasure	Hài Lòng
Puzzles	Câu Đố
Reading	Đọc
Relaxation	Thư Giãn
Sewing	May
Skill	Kỹ Năng

Activities and Leisure
Và các Hoạt Động Giải Trí

Art	Nghệ Thuật
Baseball	Bóng Chày
Basketball	Bóng Rổ
Boxing	Quyền Anh
Camping	Cắm Trại
Diving	Lặn
Fishing	Câu Cá
Gardening	Làm Vườn
Golf	Golf
Hobbies	Sở Thích
Painting	Bức Tranh
Relaxing	Thư Giãn
Shopping	Mua Sắm
Soccer	Bóng Đá
Surfing	Lướt
Swimming	Bơi Lội
Tennis	Quần Vợt
Travel	Du Lịch
Volleyball	Bóng Chuyền

Adjectives #1
Tính từ số 1

Absolute	Tuyệt Đối
Ambitious	Đầy Tham Vọng
Aromatic	Thơm
Artistic	Nghệ Thuật
Attractive	Hấp Dẫn
Beautiful	Đẹp
Dark	Tối
Exotic	Kỳ Lạ
Generous	Rộng Lượng
Happy	Vui Vẻ
Heavy	Nặng
Helpful	Hữu Ích
Honest	Trung Thực
Huge	Khổng Lồ
Important	Quan Trọng
Modern	Hiện Đại
Serious	Nghiêm Trọng
Slow	Chậm
Thin	Mỏng
Valuable	Quý

Adjectives #2
Tính từ số 2

Authentic	Thật
Creative	Sáng Tạo
Descriptive	Mô Tả
Dramatic	Kịch
Dry	Khô
Elegant	Thanh Lịch
Famous	Nổi Danh
Gifted	Năng Khiếu
Healthy	Khỏe Mạnh
Hot	Nóng
Hungry	Đói
Interesting	Thú Vị
Natural	Tự Nhiên
New	Mới
Productive	Màu Mỡ
Proud	Tự Hào
Salty	Mặn
Sleepy	Buồn Ngủ
Strong	Mạnh
Wild	Hoang Dã

Agronomy
Nông Học

Agriculture	Nông Nghiệp
Diseases	Bệnh
Ecology	Sinh Thái
Energy	Năng Lượng
Environment	Môi Trường
Erosion	Xói Mòn
Fertilizer	Phân Bón
Food	Thức Ăn
Growth	Sự Phát Triển
Organic	Hữu Cơ
Plants	Cây
Pollution	Ô Nhiễm
Production	Sản Xuất
Rural	Nông Thôn
Science	Khoa Học
Seeds	Hạt Giống
Study	Học
Systems	Hệ Thống
Vegetables	Rau
Water	Nước

Airplanes
Máy Bay

Altitude	Độ Cao
Atmosphere	Không Khí
Balloon	Bóng
Construction	Xây Dựng
Crew	Phi Hành Đoàn
Descent	Hạ Xuống
Design	Thiết Kế
Direction	Hướng
Engine	Động Cơ
Fuel	Nhiên Liệu
Height	Chiều Cao
History	Lịch Sử
Hydrogen	Hydro
Landing	Đổ Bộ
Launch	Phóng
Passenger	Hành Khách
Pilot	Phi Công
Propellers	Cánh Quạt
Sky	Bầu Trời
Turbulence	Nhiễu Loạn

Algebra
Đại số Học

Diagram	Sơ Đồ
Equation	Phương Trình
Exponent	Mũ
Factor	Tố
False	Sai
Formula	Công Thức
Fraction	Phân Số
Infinite	Vô Hạn
Linear	Tuyến Tính
Matrix	Ma Trận
Number	Số
Parenthesis	Ngoặc
Problem	Vấn Đề
Quantity	Số Lượng
Simplify	Đơn Giản Hóa
Solution	Giải Pháp
Solve	Giải Quyết
Subtraction	Phép Trừ
Variable	Biến
Zero	Số Không

Antarctica
Nam Cực

Bay	Vịnh
Birds	Chim
Clouds	Đám Mây
Conservation	Bảo Tồn
Continent	Lục Địa
Environment	Môi Trường
Geography	Môn địa Lý
Glaciers	Sông Băng
Ice	Băng
Islands	Đảo
Migration	Di Cư
Minerals	Khoáng Sản
Penguins	Chim Cánh Cụt
Peninsula	Bán Đảo
Rocky	Rocky
Scientific	Khoa Học
Temperature	Nhiệt Độ
Topography	Địa Hình
Water	Nước
Whales	Cá Voi

Antiques
Đồ Cổ

Art	Nghệ Thuật
Auction	Đấu Giá
Authentic	Thật
Century	Thế Kỷ
Coins	Đồng Xu
Collector	Thu
Condition	Điều Kiện
Decorative	Trang Trí
Elegant	Thanh Lịch
Furniture	Đồ nội Thất
Gallery	Bộ sưu Tập
Investment	Đầu Tư
Jewelry	Trang Sức
Old	Cũ
Price	Giá
Quality	Chất Lượng
Restoration	Phục Hồi
Sculpture	Điêu Khắc
Style	Phong Cách
Value	Giá Trị

Archeology
Khảo cổ Học

Analysis	Phân Tích
Ancient	Cổ
Bones	Xương
Civilization	Nền văn Minh
Era	Kỷ Nguyên
Evaluation	Đánh Giá
Expert	Chuyên Gia
Forgotten	Quên
Fossil	Hóa Thạch
Fragments	Mảnh
Mystery	Bí Ẩn
Objects	Đối Tượng
Pottery	Đồ Gốm
Professor	Giáo Sư
Relic	Di Tích
Ruins	Tàn Tích
Team	Đội
Temple	Ngôi Đền
Tomb	Mộ
Unknown	Không Rõ

Art Supplies
Đồ Dùng Nghệ Thuật

Acrylic	Acrylic
Brushes	Bàn Chải
Camera	Máy Ảnh
Chair	Ghế
Charcoal	Than
Clay	Đất Sét
Colors	Màu Sắc
Creativity	Sáng Tạo
Easel	Easel
Eraser	Tẩy
Glue	Keo
Ideas	Ý Tưởng
Ink	Mực
Oil	Dầu
Paints	Sơn
Paper	Giấy
Pencils	Bút Chì
Table	Bàn
Water	Nước
Watercolors	Màu Nước

Astronomy
Thiên văn Học

Astronaut	Phi Hành Gia
Celestial	Thiên
Comet	Sao Chổi
Constellation	Chòm Sao
Cosmos	Vũ Trụ
Earth	Trái Đất
Eclipse	Nhật Thực
Equinox	Phân
Galaxy	Thiên Hà
Meteor	Sao Băng
Moon	Mặt Trăng
Nebula	Tinh Vân
Observatory	Đài Quan Sát
Planet	Hành Tinh
Radiation	Bức Xạ
Rocket	Tên Lửa
Satellite	Vệ Tinh
Sky	Bầu Trời
Supernova	Siêu tân Tinh
Zodiac	Zodiac

Barbecues
Ăn Thịt Nướng

Chicken	Gà
Children	Trẻ Em
Dinner	Bữa Tối
Family	Gia Đình
Food	Thức Ăn
Forks	Forks
Friends	Bạn Bè
Fruit	Trái Cây
Games	Trò Chơi
Grill	Nướng
Hot	Nóng
Hunger	Đói
Knives	Dao
Music	Âm Nhạc
Salads	Salads
Salt	Muối
Sauce	Nước Xốt
Summer	Mùa Hè
Tomatoes	Cà Chua
Vegetables	Rau

Beach
Trên bãi Biển,

Blue	Màu Xanh
Boat	Thuyền
Coast	Bờ Biển
Crab	Cua
Dock	Dock
Island	Đảo
Lagoon	Đầm
Ocean	Đại Dương
Reef	Trả Lại
Sailboat	Thuyền Buồm
Sand	Cát
Sandals	Dép
Sea	Biển
Shells	Vỏ
Sun	Mặt Trời
Towel	Khăn
Umbrella	Ô
Vacation	Kỳ Nghỉ

Beauty
Sắc Đẹp

Charm	Quyến Rũ
Color	Màu
Cosmetics	Mỹ Phẩm
Curls	Curls
Elegance	Sang Trọng
Elegant	Thanh Lịch
Fragrance	Hương Thơm
Grace	Ân
Lipstick	Son Môi
Makeup	Trang Điểm
Mascara	Mascara
Mirror	Gương
Oils	Dầu
Photogenic	Ăn Ảnh
Scissors	Kéo
Services	Dịch Vụ
Shampoo	Dầu Gội
Skin	Da
Smooth	Mịn
Stylist	Stylist

Bees
Những con Ong

Beneficial	Có Lợi
Diversity	Đa Dạng
Ecosystem	Hệ Sinh Thái
Flowers	Hoa
Food	Thức Ăn
Fruit	Trái Cây
Garden	Vườn
Hive	Hive
Honey	Mật Ong
Insect	Côn Trùng
Plants	Cây
Pollen	Phấn Hoa
Pollinator	Thụ Phấn
Queen	Nữ Hoàng
Smoke	Khói
Sun	Mặt Trời
Swarm	Họp Lại
Wax	Sáp
Wings	Cánh

Biology
Sinh Học

Anatomy	Giải Phẫu Học
Bacteria	Vi Khuẩn
Cell	Tế Bào
Chromosome	Nhiễm sắc Thể
Collagen	Collagen
Embryo	Phôi
Enzyme	Enzyme
Evolution	Tiến Hóa
Hibernation	Ngủ Đông
Hormone	Hormone
Mutation	Đột Biến
Natural	Tự Nhiên
Nerve	Thần Kinh
Osmosis	Thẩm Thấu
Pathogen	Mầm Bệnh
Photosynthesis	Quang Hợp
Plants	Cây
Protein	Protein
Reptile	Bò Sát
Symbiosis	Cộng Sinh

Birds
Chim

Canary	Canary
Chicken	Gà
Crow	Con Quạ
Cuckoo	Chim Cu
Dove	Yêu
Duck	Vịt
Eagle	Đại Bàng
Egg	Trứng
Flamingo	Flamingo
Goose	Ngỗng
Heron	Diệc
Ostrich	Đà Điểu
Parrot	Con Vẹt
Peacock	Công
Pelican	Bồ Nông
Penguin	Chim Cánh Cụt
Sparrow	Chim Sẻ
Stork	Cò
Swan	Thiên Nga
Toucan	Toucan

Boats
Thuyền

Anchor	Neo
Buoy	Phao
Canoe	Xuồng
Crew	Phi Hành Đoàn
Dock	Dock
Engine	Động Cơ
Ferry	Phà
Kayak	Kayak
Lake	Hồ
Mast	Cột Buồm
Nautical	Hải Lý
Ocean	Đại Dương
Raft	Bè
River	Sông
Rope	Dây Thừng
Sailboat	Thuyền Buồm
Sailor	Thủy Thủ
Sea	Biển
Tide	Thủy Triều
Yacht	Du Thuyền

Books
Sách

Author	Tác Giả
Character	Nhân Vật
Collection	Bộ sưu Tập
Context	Bối Cảnh
Duality	Kéo Dài
Historical	Lịch Sử
Humorous	Hài Hước
Inventive	Sáng Tạo
Literary	Văn Học
Novel	Tiểu Thuyết
Page	Trang
Poem	Bài Thơ
Poetry	Thơ
Reader	Người Đọc
Relevant	Có Liên Quan
Series	Loạt
Story	Câu Chuyện
Tragic	Bi Kịch
Words	Từ
Written	Viết

Boxing
Quyền Anh

Bell	Chuông
Body	Cơ Thể
Chin	Cằm
Corner	Góc
Elbow	Khuỷu Tay
Exhausted	Kiệt Sức
Fighter	Đấu Sĩ
Fist	Nắm Tay
Focus	Tiêu Điểm
Gloves	Găng Tay
Injuries	Chấn Thương
Kick	Đá
Opponent	Đối Thủ
Points	Điểm
Quick	Nhanh
Recovery	Phục Hồi
Referee	Trọng Tài
Ropes	Dây Thừng
Skill	Kỹ Năng
Strength	Sức Mạnh

Buildings
Các tòa Nhà

Apartment	Căn Hộ
Barn	Vựa
Cabin	Cabin
Castle	Lâu Đài
Embassy	Đại sứ Quán
Factory	Nhà Máy
Farm	Nông Trại
Garage	Ga-Ra
Hospital	Bệnh Viện
Hostel	Ký túc Xá
Hotel	Khách Sạn
Museum	Bảo Tàng
Observatory	Đài Quan Sát
School	Trường Học
Stadium	Sân vận Động
Supermarket	Siêu Thị
Tent	Lều
Theater	Rạp Hát
Tower	Tháp
University	Đại Học

Business
Doanh Nghiệp

Budget	Ngân Sách
Career	Nghề Nghiệp
Company	Công Ty
Cost	Chi Phí
Currency	Tiền Tệ
Discount	Giảm Giá
Economics	Kinh Tế
Employee	Nhân Viên
Employer	Chủ Nhân
Factory	Nhà Máy
Finance	Tài Chính
Income	Thu Nhập
Investment	Đầu Tư
Manager	Quản Lý
Merchandise	Hàng Hóa
Money	Tiền
Office	Văn Phòng
Sale	Bán
Shop	Cửa Tiệm
Taxes	Thuế

Camping
Cắm Trại

Animals	Động Vật
Cabin	Cabin
Canoe	Xuồng
Compass	La Bàn
Equipment	Thiết Bị
Fire	Lửa
Forest	Rừng
Fun	Vui Vẻ
Hammock	Võng
Hat	Mũ
Hunting	Săn Bắn
Insect	Côn Trùng
Lake	Hồ
Map	Bản Đồ
Moon	Mặt Trăng
Mountain	Núi
Nature	Thiên Nhiên
Rope	Dây Thừng
Tent	Lều
Trees	Cây

Chemistry
Hóa Học

Acid	Axit
Alkaline	Kiềm
Atomic	Nguyên Tử
Carbon	Carbon
Catalyst	Chất xúc Tác
Chlorine	Clo
Electron	Điện Tử
Enzyme	Enzyme
Gas	Khí
Heat	Nhiệt
Hydrogen	Hydro
Ion	Ion
Liquid	Chất Lỏng
Molecule	Phân Tử
Nuclear	Hạt Nhân
Organic	Hữu Cơ
Oxygen	Ôxy
Salt	Muối
Temperature	Nhiệt Độ
Weight	Cân Nặng

Chess
Cờ Vua

Black	Đen
Champion	Quán Quân
Clever	Thông Minh
Contest	Cuộc Thi
Diagonal	Đường Chéo
Game	Trò Chơi
King	Vua
Opponent	Đối Thủ
Passive	Thụ Động
Player	Người Chơi
Points	Điểm
Queen	Nữ Hoàng
Rules	Quy Tắc
Sacrifice	Hy Sinh
Strategy	Chiến Lược
Time	Thời Gian
Tournament	Giải Đấu
White	Trắng

Chocolate
Sô-Cô-La

Antioxidant	Antioxidant
Aroma	Thơm
Bitter	Đắng
Cacao	Cacao
Calories	Calo
Candy	Kẹo
Caramel	Caramel
Coconut	Dừa
Delicious	Ngon
Exotic	Kỳ Lạ
Favorite	Yêu Thích
Flavor	Hương Vị
Ingredient	Thành Phần
Peanuts	Đậu Phộng
Powder	Bột
Quality	Chất Lượng
Recipe	Công Thức
Sugar	Đường
Sweet	Ngọt
Taste	Vị

Clothes
Quần Áo

Apron	Tạp Dề
Belt	Thắt Lưng
Blouse	Áo Cánh
Bracelet	Vòng Tay
Dress	Ăn
Fashion	Thời Trang
Gloves	Găng Tay
Hat	Mũ
Jacket	Áo Khoác
Jeans	Quần Jean
Jewelry	Trang Sức
Necklace	Vòng Cổ
Pajamas	Pajama
Pants	Quần
Sandals	Dép
Scarf	Khăn Quàng Cổ
Shirt	Áo sơ Mi
Shoe	Giày
Skirt	Váy
Sweater	Áo Len

Coffee
Cà Phê

Aroma	Thơm
Beverage	Đồ Uống
Bitter	Đắng
Black	Đen
Caffeine	Caffeine
Cream	Kem
Cup	Cốc
Filter	Bộ Lọc
Flavor	Hương Vị
Grind	Xay
Liquid	Chất Lỏng
Milk	Sữa
Morning	Buổi Sáng
Origin	Gốc
Price	Giá
Roasted	Rang
Sugar	Đường
To Drink	Uống
Water	Nước

Countries #1
Quốc gia số 1

Brazil	Brazil
Canada	Canada
Egypt	Ai Cập
Finland	Phần Lan
Germany	Đức
Iraq	Iraq
Israel	Israel
Italy	Ý
Latvia	Latvia
Libya	Libya
Morocco	Morocco
Nicaragua	Nicaragua
Norway	Na Uy
Panama	Panama
Poland	Ba Lan
Romania	Romania
Senegal	Senegal
Spain	Tây ban Nha
Venezuela	Venezuela
Vietnam	Việt Nam

Countries #2
Quốc gia # 2

Albania	Albania
Denmark	Đan Mạch
Ethiopia	Ethiopia
Greece	Hy Lạp
Haiti	Haiti
Jamaica	Jamaica
Japan	Nhật Bản
Laos	Lào
Lebanon	Lebanon
Liberia	Liberia
Mexico	Mexico
Nepal	Nepal
Nigeria	Nigeria
Pakistan	Pakistan
Russia	Nga
Somalia	Somalia
Sudan	Sudan
Syria	Syria
Uganda	Uganda
Ukraine	Ukraina

Creativity
Sự Sáng Tạo

Artistic	Nghệ Thuật
Authenticity	Tính xác Thực
Changing	Thay Đổi
Clarity	Rõ Ràng
Dramatic	Kịch
Emotions	Cảm Xúc
Expression	Biểu Hiện
Fluidity	Lỏng
Ideas	Ý Tưởng
Image	Ảnh
Impression	Ấn Tượng
Inspiration	Cảm Hứng
Intensity	Cường Độ
Intuition	Trực Giác
Inventive	Sáng Tạo
Sensation	Cảm Giác
Skill	Kỹ Năng
Spontaneous	Tự Phát
Visions	Tầm Nhìn
Vitality	Sức Sống

Days and Months
Ngày và Tháng

April	Tháng Tư
August	Ngày
Calendar	Lịch
February	Tháng Hai
Friday	Thứ Sáu
January	Tháng Một
July	Tháng Bảy
June	Tháng Sáu
May	Có Thể
Monday	Thứ Hai
Month	Tháng
October	Tháng Mười
Saturday	Thứ Bảy
September	Tháng 9
Sunday	Chủ Nhật
Thursday	Thứ Năm
Tuesday	Thứ Ba
Wednesday	Thứ Tư
Week	Tuần
Year	Năm

Diplomacy
Ngoại Giao

Adviser	Cố Vấn
Ambassador	Đại Sứ
Citizens	Công Dân
Civic	Civic
Community	Cộng Đồng
Conflict	Xung Đột
Cooperation	Hợp Tác
Diplomatic	Ngoại Giao
Discussion	Thảo Luận
Embassy	Đại sứ Quán
Ethics	Đạo Đức
Government	Chính Phủ
Humanitarian	Nhân Đạo
Integrity	Toàn Vẹn
Justice	Sự Công Bằng
Politics	Chính Trị
Resolution	Nghị Quyết
Security	An Ninh
Solution	Giải Pháp
Treaty	Hiệp Ước

Disease
Bệnh

Abdominal	Bụng
Allergies	Dị Ứng
Bacterial	Vi Khuẩn
Body	Cơ Thể
Bones	Xương
Chronic	Mãn Tính
Contagious	Lây Nhiễm
Health	Sức Khỏe
Heart	Tim
Hereditary	Di Truyền
Immunity	Miễn Dịch
Inflammation	Viêm
Lumbar	Thắt Lưng
Pathogens	Mầm Bệnh
Pulmonary	Phổi
Respiratory	Hô Hấp
Sinus	Xoang
Syndrome	Hội Chứng
Therapy	Trị Liệu
Weak	Yếu

Driving
Điều Khiển

Accident	Tai Nạn
Brakes	Phanh
Car	Xe Hơi
Danger	Nguy Hiểm
Driver	Người lái Xe
Fuel	Nhiên Liệu
Garage	Ga-Ra
Gas	Khí
License	Giấy Phép
Map	Bản Đồ
Motor	Động Cơ
Motorcycle	Xe Máy
Pedestrian	Đi Bộ
Police	Cảnh Sát
Road	Đường
Safety	An Toàn
Speed	Tốc Độ
Traffic	Giao Thông
Truck	Xe Tải
Tunnel	Đường Hầm

Emotions
Những cảm Xúc

Anger	Sự Phẫn Nộ
Bliss	Bliss
Boredom	Chán Nản
Calm	Lặng
Content	Nội Dung
Embarrassed	Xấu Hổ
Excited	Bị Kích Thích
Fear	Nỗi Sợ
Grateful	Tri Ân
Joy	Niềm Vui
Kindness	Lòng Tốt
Love	Yêu
Peace	Hòa Bình
Relaxed	Thư Giãn
Sadness	Nỗi Buồn
Satisfied	Hài Lòng
Sympathy	Cảm Thông
Tenderness	Dịu Dàng
Tranquility	Yên Bình

Energy
Năng Lượng

Battery	Pin
Carbon	Carbon
Diesel	Diesel
Electric	Điện
Electron	Điện Tử
Entropy	Entropy
Environment	Môi Trường
Fuel	Nhiên Liệu
Gasoline	Xăng
Heat	Nhiệt
Hydrogen	Hydro
Industry	Công Nghiệp
Motor	Động Cơ
Nuclear	Hạt Nhân
Photon	Photon
Pollution	Ô Nhiễm
Renewable	Tái Tạo
Steam	Hơi Nước
Turbine	Tua-Bin
Wind	Gió

Engineering
Kỹ Thuật

Angle	Góc
Axis	Trục
Calculation	Tính Toán
Construction	Xây Dựng
Depth	Độ Sâu
Diagram	Sơ Đồ
Diameter	Đường Kính
Diesel	Diesel
Distribution	Phân Phối
Energy	Năng Lượng
Gears	Bánh Răng
Levers	Đòn Bẩy
Liquid	Chất Lỏng
Machine	Máy
Measurement	Đo
Motor	Động Cơ
Propulsion	Đẩy
Stability	Ổn Định
Strength	Sức Mạnh
Structure	Kết Cấu

Family
Gia Đình

Ancestor	Tổ Tiên
Aunt	Dì
Brother	Anh Trai
Child	Con
Childhood	Thời thơ Ấu
Children	Trẻ Em
Cousin	Em Họ
Daughter	Con Gái
Grandfather	Ông
Grandmother	Bà
Grandson	Cháu Trai
Husband	Chồng
Mother	Mẹ
Nephew	Cháu
Niece	Cháu Gái
Paternal	Cha
Sister	Em Gái
Uncle	Chú
Wife	Vợ

Farm #1
Trang Trại số 1

Agriculture	Nông Nghiệp
Bee	Con Ong
Bison	Bò Rừng
Calf	Bắp Chân
Cat	Con Mèo
Chicken	Gà
Cow	Bò
Crow	Con Quạ
Dog	Chó
Donkey	Donkey
Fence	Hàng Rào
Fertilizer	Phân Bón
Field	Trường
Goat	Dê
Hay	Cỏ Khô
Honey	Mật Ong
Horse	Ngựa
Rice	Gạo
Seeds	Hạt Giống
Water	Nước

Farm #2
Trang Trại số 2

Animals	Động Vật
Barley	Lúa Mạch
Barn	Vựa
Beehive	Tổ Ong
Corn	Ngô
Duck	Vịt
Farmer	Nông Dân
Food	Thức Ăn
Fruit	Trái Cây
Geese	Ngỗng
Irrigation	Thủy Lợi
Meadow	Đồng Cỏ
Milk	Sữa
Orchard	Thẻ
Ripe	Chín
Sheep	Cừu
Tractor	Máy Kéo
Vegetable	Rau
Wheat	Lúa Mì
Windmill	Cối xay Gió

Fashion
Thời Trang

Affordable	Phải Chăng
Boutique	Cửa Hàng
Buttons	Nút
Clothing	Quần Áo
Comfortable	Thoải Mái
Elegant	Thanh Lịch
Embroidery	Nghề Thêu
Expensive	Đắt
Fabric	Vải
Lace	Ren
Measurements	Đo
Minimalist	Tối Giản
Modern	Hiện Đại
Modest	Khiêm Tốn
Original	Gốc
Pattern	Mẫu
Practical	Thực Tế
Style	Phong Cách
Texture	Kết Cấu
Trend	Xu Hướng

Fishing
Đánh bắt Cá

Bait	Mồi
Basket	Cái Rổ
Beach	Bãi Biển
Boat	Thuyền
Cook	Nấu
Equipment	Thiết Bị
Exaggeration	Phóng Đại
Fins	Vây
Gills	Mang
Hook	Móc
Jaw	Hàm
Lake	Hồ
Ocean	Đại Dương
Patience	Kiên Nhẫn
River	Sông
Season	Mùa
Water	Nước
Weight	Cân Nặng
Wire	Dây

Flowers
Những Bông Hoa

Bouquet	Bó Hoa
Clover	Cỏ ba Lá
Daisy	Daisy
Dandelion	Bồ Công Anh
Gardenia	Gardenia
Hibiscus	Dâm Bụt
Jasmine	Jasmine
Lavender	Hoa oải Hương
Lilac	Tử Đinh Hương
Lily	Hoa loa Kèn
Magnolia	Magnolia
Orchid	Phong Lan
Peony	Hoa mẫu Đơn
Petal	Cánh Hoa
Plumeria	Plumeria
Poppy	Poppy
Rose	Hoa Hồng
Sunflower	Hướng Dương
Tulip	Lời Khuyên

Food #1
Thực Phẩm #1

Apricot	Quả Mơ
Barley	Lúa Mạch
Basil	Húng Quế
Carrot	Cà Rốt
Cinnamon	Quế
Garlic	Tỏi
Juice	Nước Ép
Lemon	Chanh
Milk	Sữa
Onion	Hành
Peanut	Đậu Phụng
Pear	Lê
Salad	Salad
Salt	Muối
Soup	Súp
Spinach	Rau Bina
Strawberry	Dâu Tây
Sugar	Đường
Tuna	Cá Ngừ
Turnip	Củ Cải

Food #2
Thực Phẩm #2

Apple	Táo
Artichoke	Atisô
Banana	Chuối
Broccoli	Bông cải Xanh
Celery	Cần Tây
Cheese	Phô Mai
Cherry	Quả anh Đào
Chicken	Gà
Chocolate	Sô cô La
Egg	Trứng
Eggplant	Cà Tím
Fish	Cá
Grape	Nho
Ham	Giăm Bông
Kiwi	Quả Kiwi
Mushroom	Nấm
Rice	Gạo
Tomato	Cà Chua
Wheat	Lúa Mì
Yogurt	Sữa Chua

Force and Gravity
Lực Lượng và Trọng Lực

Axis	Trục
Center	Trung Tâm
Discovery	Khám Phá
Distance	Khoảng Cách
Dynamic	Năng Động
Expansion	Mở Rộng
Friction	Ma Sát
Magnetism	Từ Tính
Magnitude	Cường Độ
Mechanics	Cơ Khí
Momentum	Đà
Motion	Cử Động
Orbit	Quỹ Đạo
Physics	Vật Lý
Pressure	Sức Ép
Properties	Tính Chất
Speed	Tốc Độ
Time	Thời Gian
Universal	Phổ
Weight	Cân Nặng

Fruit
Trái Cây

Apple	Táo
Apricot	Quả Mơ
Avocado	Trái Bơ
Banana	Chuối
Berry	Quả Mọng
Cherry	Quả anh Đào
Coconut	Dừa
Fig	Hình
Grape	Nho
Guava	Ổi
Kiwi	Quả Kiwi
Lemon	Chanh
Mango	Trái Xoài
Melon	Dưa
Nectarine	Cây Xuân Đào
Papaya	Đu Đủ
Peach	Đào
Pear	Lê
Pineapple	Dứa
Raspberry	Mâm Xôi

Garden
Khu Vườn

Bench	Băng Ghế
Bush	Bụi Cây
Fence	Hàng Rào
Flower	Hoa
Garage	Ga-Ra
Garden	Vườn
Grass	Cỏ
Hammock	Võng
Hose	Vòi
Orchard	Thẻ
Pond	Ao
Porch	Hiên
Rake	Cào
Rocks	Đá
Shovel	Xẻng
Soil	Đất
Terrace	Sân Thượng
Trampoline	Tấm Bạt
Tree	Cây
Weeds	Weeds

Geography
Môn địa Lý

Atlas	Atlas
City	Thành Phố
Continent	Lục Địa
Country	Quốc Gia
Elevation	Độ Cao
Hemisphere	Bán Cầu
Island	Đảo
Latitude	Vĩ Độ
Map	Bản Đồ
Meridian	Kinh Tuyến
Mountain	Núi
North	Bắc
Ocean	Đại Dương
Region	Khu Vực
River	Sông
Sea	Biển
South	Phía Nam
Territory	Lãnh Thổ
West	Hướng Tây
World	Thế Giới

Geology
Địa Chất Học

Acid	Axit
Calcium	Calcium
Cavern	Hang Động
Continent	Lục Địa
Coral	San Hô
Crystals	Tinh Thể
Cycles	Chu Kỳ
Earthquake	Động Đất
Erosion	Xói Mòn
Fossil	Hóa Thạch
Lava	Dung Nham
Layer	Lớp
Minerals	Khoáng Sản
Molten	Nóng Chảy
Plateau	Cao Nguyên
Quartz	Thạch Anh
Salt	Muối
Stalactite	Nhũ Đá
Stone	Đá
Volcano	Núi Lửa

Geometry
Hình Học

Angle	Góc
Calculation	Tính Toán
Circle	Vòng Tròn
Curve	Đường Cong
Diameter	Đường Kính
Dimension	Kích Thước
Equation	Phương Trình
Height	Chiều Cao
Horizontal	Ngang
Logic	Hợp Lý
Mass	Khối Lượng
Median	Trung Bình
Number	Số
Parallel	Song Song
Proportion	Tỷ Lệ
Segment	Khúc
Surface	Bề Mặt
Symmetry	Đối Xứng
Theory	Học Thuyết
Triangle	Tam Giác

Global Warming
Sự Nóng lên Toàn Cầu

Arctic	Bắc Cực
Attention	Chú Ý
Changes	Thay Đổi
Climate	Khí Hậu
Crisis	Khủng Hoảng
Data	Dữ Liệu
Development	Phát Triển
Energy	Năng Lượng
Environmental	Môi Trường
Future	Tương Lai
Gas	Khí
Generations	Các thế Hệ
Government	Chính Phủ
Industry	Công Nghiệp
International	Quốc Tế
Legislation	Pháp Luật
Now	Bây Giờ
Populations	Dân
Scientist	Nhà Khoa Học
Temperatures	Nhiệt Độ

Government
Chính Quyền

Citizenship	Quốc Tịch
Civil	Dân Sự
Constitution	Hiến Pháp
Democracy	Dân Chủ
Discussion	Thảo Luận
District	Quận
Equality	Bình Đẳng
Independence	Độc Lập
Judicial	Tư Pháp
Justice	Sự Công Bằng
Law	Luật
Leader	Lãnh Đạo
Liberty	Tự Do
Monument	Monument
Nation	Quốc Gia
Peaceful	Hòa Bình
Politics	Chính Trị
Speech	Phát Biểu
State	Tiểu Bang
Symbol	Biểu Tượng

Hair Types
Các Loại Tóc

Bald	Hói
Black	Đen
Blond	Tóc Vàng
Braided	Bện
Braids	Braids
Brown	Màu Nâu
Colored	Màu
Curls	Curls
Curly	Xoăn
Dry	Khô
Gray	Màu Xám
Healthy	Khỏe Mạnh
Long	Dài
Shiny	Sáng Bóng
Short	Ngắn
Silver	Bạc
Soft	Mềm
Thick	Dày
Thin	Mỏng
White	Trắng

Health and Wellness #1
Sức Khỏe và sức Khỏe # 1

Active	Hoạt Động
Bacteria	Vi Khuẩn
Bones	Xương
Doctor	Bác Sĩ
Fracture	Gãy Xương
Habit	Thói Quen
Height	Chiều Cao
Hormones	Kích Thích Tố
Hunger	Đói
Injury	Chấn Thương
Medicine	Thuốc
Muscles	Cơ Bắp
Nerves	Dây Thần Kinh
Pharmacy	Tiệm Thuốc
Reflex	Phản Xạ
Relaxation	Thư Giãn
Skin	Da
Therapy	Trị Liệu
Treatment	Điều Trị
Virus	Vi Rút

Health and Wellness #2
Sức Khỏe và sức Khỏe # 2

Allergy	Dị Ứng
Anatomy	Giải Phẫu Học
Appetite	Ngon
Blood	Máu
Calorie	Calo
Dehydration	Mất Nước
Diet	Ăn Kiêng
Disease	Bệnh
Energy	Năng Lượng
Genetics	Di Truyền
Healthy	Khỏe Mạnh
Hospital	Bệnh Viện
Hygiene	Vệ Sinh
Infection	Nhiễm Trùng
Massage	Xoa Bóp
Nutrition	Dinh Dưỡng
Recovery	Phục Hồi
Stress	Căng Thẳng
Vitamin	Vitamin
Weight	Cân Nặng

Herbalism
Chủ Nghĩa Thảo Dược

Aromatic	Thơm
Basil	Húng Quế
Beneficial	Có Lợi
Culinary	Ẩm Thực
Fennel	Thì Là
Flavor	Hương Vị
Flower	Hoa
Garden	Vườn
Garlic	Tỏi
Green	Xanh
Ingredient	Thành Phần
Lavender	Hoa oải Hương
Marjoram	Lá Kinh Giới
Mint	Bạc Hà
Oregano	Oregano
Parsley	Mùi Tây
Plant	Thực Vật
Rosemary	Rosemary
Saffron	Nghệ Tây
Tarragon	Giấm

Hiking
Đi bộ Đường Dài

Animals	Động Vật
Boots	Giày Ống
Camping	Cắm Trại
Cliff	Vách Đá
Climate	Khí Hậu
Guides	Hướng Dẫn
Hazards	Mối Nguy Hiểm
Heavy	Nặng
Map	Bản Đồ
Mosquitoes	Muỗi
Mountain	Núi
Nature	Thiên Nhiên
Orientation	Sự Định Hướng
Parks	Công Viên
Preparation	Chuẩn Bị
Stones	Đá
Sun	Mặt Trời
Tired	Mệt
Water	Nước
Wild	Hoang Dã

House
Nhà Ở

Attic	Gác Xép
Broom	Chổi
Curtains	Rèm Cửa
Door	Cửa
Fence	Hàng Rào
Fireplace	Lò Sưởi
Floor	Sàn Nhà
Furniture	Đồ nội Thất
Garage	Ga-Ra
Garden	Vườn
Keys	Chìa Khóa
Kitchen	Nhà Bếp
Lamp	Đèn
Library	Thư Viện
Mirror	Gương
Roof	Mái Nhà
Room	Phòng
Shower	Vòi hoa Sen
Wall	Tường
Window	Cửa Sổ

Human Body
Cơ thể con Người

Ankle	Mắt Cá
Blood	Máu
Bones	Xương
Brain	Óc
Chin	Cằm
Ear	Tai
Elbow	Khuỷu Tay
Face	Đối Mặt
Finger	Ngón Tay
Hand	Tay
Head	Đầu
Heart	Tim
Jaw	Hàm
Knee	Đầu Gối
Leg	Chân
Mouth	Miệng
Neck	Cổ
Nose	Mũi
Shoulder	Vai
Skin	Da

Insects
Côn Trùng

Ant	Kiến
Aphid	Rệp
Bee	Con Ong
Beetle	Bọ Cánh Cứng
Butterfly	Bướm
Cicada	Con ve Sầu
Cockroach	Gián
Flea	Bọ Chét
Grasshopper	Châu Chấu
Hornet	Hornet
Ladybug	Ladybug
Larva	Ấu Trùng
Locust	Cào Cào
Mantis	Bọ Ngựa
Mosquito	Muỗi
Moth	Bướm Đêm
Termite	Mối
Wasp	Ong
Worm	Sâu

Jazz
Nhạc Jazz

Album	Album
Artist	Nghệ Sĩ
Composer	Nhà Soạn Nhạc
Composition	Thành Phần
Concert	Buổi hòa Nhạc
Drums	Trống
Emphasis	Nhấn Mạnh
Famous	Nổi Danh
Favorites	Yêu Thích
Genre	Thể Loại
Improvisation	Hứng
Music	Âm Nhạc
New	Mới
Old	Cũ
Orchestra	Dàn Nhạc
Rhythm	Nhịp
Song	Bài Hát
Style	Phong Cách
Talent	Tài Năng
Technique	Kỹ Thuật

Landscapes
Phong Cảnh

Beach	Bãi Biển
Cave	Hang
Cliff	Vách Đá
Desert	Sa Mạc
Estuary	Cửa Sông
Glacier	Sông Băng
Hill	Đồi
Island	Đảo
Lake	Hồ
Mountain	Núi
Oasis	Ốc Đảo
Ocean	Đại Dương
Peninsula	Bán Đảo
River	Sông
Sea	Biển
Swamp	Đầm Lầy
Tundra	Lãnh Nguyên
Valley	Thung Lũng
Volcano	Núi Lửa
Waterfall	Thác Nước

Literature
Văn Học

Analogy	Tương Tự
Analysis	Phân Tích
Anecdote	Giai Thoại
Author	Tác Giả
Biography	Tiểu Sử
Comparison	So Sánh
Conclusion	Phần kết Luận
Description	Sự Miêu Tả
Dialogue	Hội Thoại
Fiction	Viễn Tưởng
Metaphor	Ẩn Dụ
Novel	Tiểu Thuyết
Opinion	Ý Kiến
Poem	Bài Thơ
Poetic	Thơ
Rhyme	Vần
Rhythm	Nhịp
Style	Phong Cách
Theme	Chủ Đề
Tragedy	Bi Kịch

Mammals
Động vật có Vú

Bear	Gấu
Beaver	Hải Ly
Bull	Bò Đực
Cat	Con Mèo
Coyote	Coyote
Dog	Chó
Dolphin	Cá Heo
Elephant	Con Voi
Fox	Cáo
Giraffe	Hươu cao Cổ
Gorilla	Khỉ Đột
Horse	Ngựa
Kangaroo	Kangaroo
Lion	Sư Tử
Monkey	Khỉ
Rabbit	Thỏ
Sheep	Cừu
Whale	Cá Voi
Wolf	Chó Sói
Zebra	Ngựa Vằn

Math
Toán Học

Angles	Góc
Arithmetic	Số Học
Decimal	Thập Phân
Diameter	Đường Kính
Equation	Phương Trình
Exponent	Mũ
Fraction	Phân Số
Geometry	Hình Học
Numbers	Số
Parallel	Song Song
Perimeter	Chu Vi
Perpendicular	Vuông Góc
Polygon	Đa Giác
Radius	Bán Kính
Rectangle	Hình chữ Nhật
Square	Quảng Trường
Sum	Tổng
Symmetry	Đối Xứng
Triangle	Tam Giác
Volume	Âm Lượng

Measurements
Các Phép Đo

Byte	Byte
Centimeter	Centimet
Decimal	Thập Phân
Degree	Trình Độ
Depth	Độ Sâu
Gram	Gram
Height	Chiều Cao
Inch	Inch
Kilogram	Kilôgam
Kilometer	Kilômét
Length	Chiều Dài
Liter	Lít
Mass	Khối Lượng
Meter	Mét
Minute	Phút
Ounce	Ounce
Ton	Tấn
Volume	Âm Lượng
Weight	Cân Nặng
Width	Chiều Rộng

Meditation
Thiền

Acceptance	Chấp Nhận
Attention	Chú Ý
Breathing	Thở
Calm	Lặng
Clarity	Rõ Ràng
Compassion	Thương Hại
Emotions	Cảm Xúc
Gratitude	Lòng Biết Ơn
Habits	Thói Quen
Happiness	Hạnh Phúc
Kindness	Lòng Tốt
Mental	Tâm Thần
Mind	Lí Trí
Movement	Phong Trào
Music	Âm Nhạc
Nature	Thiên Nhiên
Peace	Hòa Bình
Perspective	Quan Điểm
Silence	Im Lặng
Thoughts	Suy Nghĩ

Music
Âm Nhạc

Album	Album
Ballad	Ballad
Chorus	Điệp Khúc
Classical	Cổ Điển
Harmony	Hòa Hợp
Instrument	Dụng Cụ
Lyrical	Trữ Tình
Melody	Giai Điệu
Microphone	Microphone
Musical	Âm Nhạc
Musician	Nhạc Sĩ
Opera	Opera
Poetic	Thơ
Recording	Ghi Âm
Rhythm	Nhịp
Rhythmic	Nhịp Nhàng
Sing	Hát
Singer	Ca Sĩ
Tempo	Tiến Độ
Vocal	Giọng Hát

Musical Instruments
Nhạc Cụ

Banjo	Bass
Bassoon	Dàn Nhạc
Cello	Cello
Chimes	Chuông
Clarinet	Clarinet
Drum	Trống
Drumsticks	Đùi
Flute	Sáo
Gong	Chiêng
Guitar	Đàn ghi Ta
Harp	Đàn Hạc
Mandolin	Mandolin
Marimba	Marimba
Percussion	Gõ
Piano	Dương Cầm
Saxophone	Saxophone
Tambourine	Lục Lạc
Trombone	Trombone
Trumpet	Kèn
Violin	Đàn vi ô Lông

Mythology
Thần Thoại

Archetype	Nguyên Mẫu
Behavior	Hành Vi
Beliefs	Niềm Tin
Creation	Sáng Tạo
Creature	Sinh Vật
Culture	Văn Hoá
Deities	Các vị Thần
Disaster	Thảm Họa
Heaven	Thiên Đường
Hero	Anh Hùng
Immortality	Sự bất Tử
Jealousy	Ghen
Labyrinth	Mê Cung
Legend	Truyền Thuyết
Lightning	Sét
Monster	Quái Vật
Mortal	Có Chết
Revenge	Trả Thù
Thunder	Sấm
Warrior	Chiến Binh

Nature
Thiên Nhiên

Animals	Động Vật
Arctic	Bắc Cực
Beauty	Vẻ Đẹp
Bees	Ong
Clouds	Đám Mây
Desert	Sa Mạc
Dynamic	Năng Động
Erosion	Xói Mòn
Fog	Sương Mù
Foliage	Lá
Forest	Rừng
Glacier	Sông Băng
Mountains	Núi
Peaceful	Hòa Bình
River	Sông
Sanctuary	Thánh
Serene	Serene
Tropical	Nhiệt Đới
Vital	Quan Trọng
Wild	Hoang Dã

Numbers
Con Số

Decimal	Thập Phân
Eight	Tám
Eighteen	Mười Tám
Fifteen	Mười Lăm
Five	Năm
Four	Bốn
Fourteen	Mười Bốn
Nine	Chín
Nineteen	Mười Chín
One	Một
Seven	Bảy
Seventeen	Mười Bảy
Six	Sáu
Sixteen	Mười Sáu
Ten	Mười
Thirteen	Mười Ba
Three	Ba
Twelve	Mười Hai
Twenty	Hai Mươi
Two	Hai

Nutrition
Dinh Dưỡng

Appetite	Ngon
Balanced	Cân Bằng
Bitter	Đắng
Calories	Calo
Carbohydrates	Carbohydrate
Diet	Ăn Kiêng
Digestion	Tiêu Hóa
Edible	Ăn Được
Fermentation	Lên Men
Flavor	Hương Vị
Habits	Thói Quen
Health	Sức Khỏe
Healthy	Khỏe Mạnh
Liquids	Chất Lỏng
Proteins	Protein
Quality	Chất Lượng
Sauce	Nước Xốt
Toxin	Độc Tố
Vitamin	Vitamin
Weight	Cân Nặng

Ocean
Đại Dương

Algae	Tảo
Coral	San Hô
Crab	Cua
Dolphin	Cá Heo
Eel	Lươn
Fish	Cá
Jellyfish	Sứa
Octopus	Bạch Tuộc
Oyster	Hàu
Reef	Trả Lại
Salt	Muối
Seaweed	Rong Biển
Shark	Cá Mập
Shrimp	Tôm
Sponge	Bọt Biển
Storm	Bão Táp
Tides	Thủy Triều
Tuna	Cá Ngừ
Turtle	Rùa
Whale	Cá Voi

Philanthropy
Hoạt Động từ Thiện

Charity	Từ Thiện
Children	Trẻ Em
Community	Cộng Đồng
Contacts	Liên Lạc
Donate	Tặng
Finance	Tài Chính
Funds	Quỹ
Generosity	Thế Hệ
Global	Toàn Cầu
Goals	Mục Tiêu
Groups	Nhóm
History	Lịch Sử
Honesty	Trung Thực
Humanity	Nhân Loại
Mission	Nhiệm Vụ
Need	Cần
People	Người
Programs	Chương Trình
Public	Công Cộng
Youth	Thanh Niên

Physics
Vật Lý

Acceleration	Gia Tốc
Atom	Nguyên Tử
Chaos	Hỗn Loạn
Chemical	Hóa Chất
Density	Mật Độ
Electron	Điện Tử
Engine	Động Cơ
Expansion	Mở Rộng
Formula	Công Thức
Frequency	Tần Số
Gas	Khí
Magnetism	Từ Tính
Mass	Khối Lượng
Mechanics	Cơ Khí
Molecule	Phân Tử
Nuclear	Hạt Nhân
Particle	Hạt
Speed	Tốc Độ
Universal	Phổ
Velocity	Vận Tốc

Plants
Cây

Bamboo	Tre
Bean	Hạt Đậu
Berry	Quả Mọng
Botany	Thực vật Học
Bush	Bụi Cây
Cactus	Xương Rồng
Fertilizer	Phân Bón
Flora	Flora
Flower	Hoa
Foliage	Lá
Forest	Rừng
Garden	Vườn
Grass	Cỏ
Ivy	Ivy
Moss	Rêu
Petal	Cánh Hoa
Root	Nguồn Gốc
Stem	Gốc
Tree	Cây
Vegetation	Thực Vật

Professions #1
Nghề Nghiệp số 1

Ambassador	Đại Sứ
Athlete	Lực Sĩ
Attorney	Luật Sư
Banker	Ngân Hàng
Dancer	Vũ Công
Doctor	Bác Sĩ
Editor	Biên tập Viên
Firefighter	Lính cứu Hỏa
Geologist	Nhà địa Chất
Hunter	Thợ Săn
Jeweler	Jeweler
Musician	Nhạc Sĩ
Nurse	Y Tá
Pharmacist	Dược Sĩ
Pianist	Nghệ sĩ Piano
Plumber	Plumber
Sailor	Thủy Thủ
Scientist	Nhà Khoa Học
Tailor	Thợ May
Veterinarian	Bác sĩ thú Y

Professions #2
Nghề Nghiệp số 2

Astronaut	Phi Hành Gia
Chemist	Nhà hóa Học
Dentist	Nha Sĩ
Detective	Thám Tử
Engineer	Kỹ Sư
Farmer	Nông Dân
Illustrator	Họa
Journalist	Nhà Báo
Librarian	Thủ Thư
Linguist	Nhà Ngôn Ngữ
Painter	Họa Sĩ
Philosopher	Triết Gia
Photographer	Nhiếp ảnh Gia
Physician	Bác Sĩ
Pilot	Phi Công
Politician	Chính trị Gia
Professor	Giáo Sư
Publisher	Nhà Xuất Bản
Teacher	Giáo Viên

Psychology
Tâm lý Học

Appointment	Cuộc Hẹn
Assessment	Đánh Giá
Behavior	Hành Vi
Childhood	Thời thơ Ấu
Clinical	Lâm Sàng
Cognition	Nhận Thức
Conflict	Xung Đột
Dreams	Giấc Mơ
Ego	Cái Tôi
Emotions	Cảm Xúc
Experiences	Kinh Nghiệm
Ideas	Ý Tưởng
Personality	Cá Tính
Problem	Vấn Đề
Reality	Thực Tế
Sensation	Cảm Giác
Subconscious	Tiềm Thức
Therapy	Trị Liệu
Thoughts	Suy Nghĩ
Unconscious	Bất Tỉnh

Restaurant #2
Nhà Hàng số 2

Beverage	Đồ Uống
Cake	Bánh
Chair	Ghế
Delicious	Ngon
Dinner	Bữa Tối
Eggs	Trứng
Fish	Cá
Fork	Cái Nĩa
Fruit	Trái Cây
Ice	Băng
Lunch	Bữa Trưa
Noodles	Mì
Salad	Salad
Salt	Muối
Soup	Súp
Spices	Gia Vị
Spoon	Cái Thìa
Vegetables	Rau
Waiter	Phục vụ Nam
Water	Nước

Science
Khoa Học

Atom	Nguyên Tử
Chemical	Hóa Chất
Climate	Khí Hậu
Data	Dữ Liệu
Evolution	Tiến Hóa
Experiment	Thí Nghiệm
Fact	Thực Tế
Fossil	Hóa Thạch
Gravity	Trọng Lực
Hypothesis	Giả Thuyết
Method	Phương Pháp
Minerals	Khoáng Sản
Molecules	Phân Tử
Nature	Thiên Nhiên
Observation	Quan Sát
Particles	Hạt
Physics	Vật Lý
Plants	Cây
Scientist	Nhà Khoa Học

Science Fiction
Khoa học Viễn Tưởng

Atomic	Nguyên Tử
Books	Sách
Chemicals	Hóa Chất
Clones	Nhái
Distant	Xa Xôi
Dystopia	Dystopia
Explosion	Nổ
Extreme	Cực
Fantastic	Tuyệt Vời
Fire	Lửa
Futuristic	Tương Lai
Galaxy	Thiên Hà
Illusion	Ảo Giác
Imaginary	Tưởng Tượng
Mysterious	Bí Ẩn
Oracle	Oracle
Planet	Hành Tinh
Technology	Công Nghệ
Utopia	Utopia
World	Thế Giới

Scientific Disciplines
Các Ngành Khoa Học

Anatomy	Giải Phẫu Học
Archaeology	Khảo cổ Học
Astronomy	Thiên văn Học
Biochemistry	Hóa Sinh
Biology	Sinh Học
Botany	Thực vật Học
Chemistry	Hóa Học
Ecology	Sinh Thái
Geology	Địa Chất Học
Immunology	Miễn Dịch
Kinesiology	Kinesiology
Linguistics	Ngôn Ngữ
Mechanics	Cơ Khí
Meteorology	Khí Tượng Học
Mineralogy	Khoáng
Neurology	Thần Kinh
Physiology	Sinh lý Học
Psychology	Tâm Lý
Sociology	Xã hội Học
Zoology	Động vật Học

Shapes
Hình Dạng

Arc	Cung
Circle	Vòng Tròn
Cone	Nón
Corner	Góc
Curve	Đường Cong
Cylinder	Hình Trụ
Edges	Cạnh
Ellipse	Ellipse
Hyperbola	Hyperbola
Line	Hàng
Polygon	Đa Giác
Prism	Lăng
Pyramid	Kim tự Tháp
Rectangle	Hình chữ Nhật
Round	Vòng
Side	Bên
Sphere	Cầu
Square	Quảng Trường
Triangle	Tam Giác

Spices
Gia Vị

Anise	Cây Hồi
Bitter	Đắng
Cardamom	Thảo Quả
Cinnamon	Quế
Clove	Đinh Hương
Coriander	Rau Mùi
Cumin	Cây thì Là
Curry	Cà Ri
Fennel	Thì Là
Fenugreek	Cỏ cà Ri
Flavor	Hương Vị
Garlic	Tỏi
Ginger	Gừng
Nutmeg	Nhục đậu Khấu
Onion	Hành
Paprika	Ớt cựa Gà
Saffron	Nghệ Tây
Salt	Muối
Sweet	Ngọt
Vanilla	Vani

Technology
Công Nghệ

Blog	Blog
Browser	Trình Duyệt
Bytes	Nội
Camera	Máy Ảnh
Computer	Máy Tính
Cursor	Con Trỏ
Data	Dữ Liệu
Digital	Kỹ Thuật Số
Display	Trưng Bày
File	Tập Tin
Font	Chữ
Internet	Internet
Message	Thông Điệp
Research	Nghiên Cứu
Screen	Màn
Security	An Ninh
Software	Phần Mềm
Statistics	Thống Kê
Virtual	Ảo
Virus	Vi Rút

The Company
Các Công Ty

Business	Kinh Doanh
Creative	Sáng Tạo
Decision	Quyết Định
Employment	Việc Làm
Global	Toàn Cầu
Industry	Công Nghiệp
Investment	Đầu Tư
Possibility	Khả Năng
Presentation	Trình Bày
Product	Sản Phẩm
Professional	Chuyên Nghiệp
Progress	Tiến Bộ
Quality	Chất Lượng
Reputation	Danh Tiếng
Resources	Tài Nguyên
Revenue	Doanh Thu
Risks	Rủi Ro
Trends	Xu Hướng
Units	Đơn Vị
Wages	Tiền Lương

The Media
Các Phương Tiện Truyền T

Advertisements	Quảng Cáo
Attitudes	Thái Độ
Commercial	Thương Mại
Communication	Liên Lạc
Digital	Kỹ Thuật Số
Edition	Phiên Bản
Education	Giáo Dục
Facts	Sự Thật
Funding	Kinh Phí
Images	Hình Ảnh
Individual	Cá Nhân
Industry	Công Nghiệp
Intellectual	Trí Tuệ
Local	Địa Phương
Network	Mạng
Newspapers	Báo
Online	Trực Tuyến
Opinion	Ý Kiến
Public	Công Cộng
Radio	Đài

Time
Thời Gian

Annual	Hàng Năm
Before	Trước
Calendar	Lịch
Century	Thế Kỷ
Clock	Đồng Hồ
Day	Ngày
Decade	Thập Kỷ
Future	Tương Lai
Hour	Giờ
Minute	Phút
Month	Tháng
Morning	Buổi Sáng
Night	Đêm
Noon	Buổi Trưa
Now	Bây Giờ
Soon	Sớm
Today	Hôm Nay
Week	Tuần
Year	Năm
Yesterday	Hôm Qua

Vacation #2
Kỳ Nghỉ số 2

Airport	Sân Bay
Beach	Bãi Biển
Camping	Cắm Trại
Destination	Điểm Đến
Foreign	Ngoại Quốc
Holiday	Ngày Lễ
Hotel	Khách Sạn
Island	Đảo
Journey	Hành Trình
Leisure	Giải Trí
Map	Bản Đồ
Mountains	Núi
Passport	Hộ Chiếu
Photos	Ảnh
Sea	Biển
Taxi	Xe tắc Xi
Tent	Lều
Train	Xe Lửa
Transportation	Vận Chuyển
Visa	Thị Thực

Vegetables
Rau Củ

Artichoke	Atisô
Broccoli	Bông cải Xanh
Carrot	Cà Rốt
Cauliflower	Súp Lơ
Celery	Cần Tây
Cucumber	Dưa Chuột
Eggplant	Cà Tím
Garlic	Tỏi
Ginger	Gừng
Mushroom	Nấm
Olive	Ô Liu
Onion	Hành
Parsley	Mùi Tây
Pea	Đậu
Pumpkin	Quả bí Ngô
Salad	Salad
Shallot	Củ Hẹ
Spinach	Rau Bina
Tomato	Cà Chua
Turnip	Củ Cải

Vehicles
Xe Cộ

Airplane	Máy Bay
Ambulance	Xe cứu Thương
Bicycle	Xe Đạp
Boat	Thuyền
Bus	Xe Buýt
Car	Xe Hơi
Caravan	Caravan
Ferry	Phà
Motor	Động Cơ
Raft	Bè
Rocket	Tên Lửa
Scooter	Xe tay Ga
Submarine	Tàu Ngầm
Subway	Xe Điện Ngầm
Taxi	Xe tắc Xi
Tires	Lốp
Tractor	Máy Kéo
Train	Xe Lửa
Truck	Xe Tải
Van	Van

Virtues #1
Đức Hạnh số 1

Artistic	Nghệ Thuật
Charming	Quyến Rũ
Clean	Dọn Dẹp
Curious	Tò Mò
Decisive	Quyết Định
Efficient	Hiệu Quả
Funny	Buồn Cười
Generous	Rộng Lượng
Good	Tốt
Helpful	Hữu Ích
Imaginative	Tưởng Tượng
Independent	Độc Lập
Intelligent	Thông Minh
Modest	Khiêm Tốn
Passionate	Đam Mê
Patient	Kiên Nhẫn
Practical	Thực Tế
Reliable	Đáng tin Cậy
Wise	Khôn Ngoan

Visual Arts
Nghệ Thuật thị Giác

Architecture	Kiến Trúc
Artist	Nghệ Sĩ
Chalk	Phấn
Clay	Đất Sét
Composition	Thành Phần
Creativity	Sáng Tạo
Easel	Vẽ
Film	Phim Ảnh
Masterpiece	Kiệt Tác
Painting	Bức Tranh
Pen	Cái Bút
Pencil	Bút Chì
Perspective	Quan Điểm
Photograph	Ảnh Chụp
Portrait	Chân Dung
Pottery	Đồ Gốm
Sculpture	Điêu Khắc
Stencil	Giấy Nến
Wax	Sáp

Water
Nước

Canal	Kênh
Drinkable	Uống
Evaporation	Bay Hơi
Flood	Lũ Lụt
Frost	Sương Giá
Geyser	Geyser
Hurricane	Cơn Bão
Ice	Nước Đá
Irrigation	Thủy Lợi
Lake	Hồ
Moisture	Độ Ẩm
Monsoon	Gió Mùa
Ocean	Đại Dương
Rain	Mưa
River	Sông
Shower	Vòi hoa Sen
Snow	Tuyết
Steam	Hơi Nước
Waves	Sóng

Weather
Thời Tiết

Atmosphere	Không Khí
Climate	Khí Hậu
Cloud	Đám Mây
Drought	Hạn Hán
Dry	Khô
Flood	Lũ Lụt
Fog	Sương Mù
Hurricane	Cơn Bão
Ice	Nước Đá
Lightning	Sét
Monsoon	Gió Mùa
Polar	Cực
Rainbow	Cầu Vồng
Sky	Bầu Trời
Storm	Bão Táp
Temperature	Nhiệt Độ
Thunder	Sấm Sét
Tornado	Lốc Xoáy
Tropical	Nhiệt Đới
Wind	Gió

Congratulations

You made it!

We hope you enjoyed this book as much as we enjoyed making it. We do our best to make high quality games.
These puzzles are designed in a clever way for you to learn actively while having fun!

Did you love them?

A Simple Request

Our books exist thanks your reviews. Could you help us by leaving one now?

Here is a short link which will take you to your order review page:

BestBooksActivity.com/Review50

MONSTER CHALLENGE!

Challenge #1

Ready for Your Bonus Game? We use them all the time but they are not so easy to find. Here are **Synonyms**!

Note 5 words you discovered in each of the Puzzles noted below (#21, #36, #76) and try to find 2 synonyms for each word.

Note 5 Words from *Puzzle 21*

Words	Synonym 1	Synonym 2

Note 5 Words from *Puzzle 36*

Words	Synonym 1	Synonym 2

Note 5 Words from *Puzzle 76*

Words	Synonym 1	Synonym 2

Challenge #2

Now that you are warmed-up, note 5 words you discovered in each Puzzle noted below (#9, #17, #25) and try to find 2 antonyms for each word. How many lines can you do in 20 minutes?

Note 5 Words from **Puzzle 9**

Words	Antonym 1	Antonym 2

Note 5 Words from **Puzzle 17**

Words	Antonym 1	Antonym 2

Note 5 Words from **Puzzle 25**

Words	Antonym 1	Antonym 2

Challenge #3

Wonderful, this monster challenge is nothing to you!

Ready for the last one? Choose your 10 favorite words discovered in any of the Puzzles and note them below.

1.	6.
2.	7.
3.	8.
4.	9.
5.	10.

Now, using these words and within a maximum of six sentences, your challenge is to compose a text about a person, animal or place that you love!

Tip: You can use the last blank page of this book as a draft!

Your Writing:

Explore a Unique Store
Set Up **FOR YOU!**

MEGA DEALS

BestActivityBooks.com/TheStore

Designed for Entertainment!

Light Up Your Brain With Unique **Gift Ideas**.

Access **Surprising** And **Essential Supplies!**

CHECK OUT OUR MONTHLY SELECTION NOW!

- Expertly Crafted Products -

NOTEBOOK:

SEE YOU SOON!

Linguas Classics Team

BESTACTIVITYBOOKS.COM/FREEGAMES